35歳から
わたしが
輝くために
捨てるもの

松尾たいこ

かんき出版

はじめに

年齢を重ねるほどに輝く女性、
年齢を重ねるとくすんでしまう女性、
その差はどこにあるのでしょうか。

この本を手にとってくださった方の中には、

「人生ってどんどんつまらなくなるのかな?」

「自分らしく生きたいと思うけどどうすればいいのだろう?」

そんな漠然とした不安を抱えている人もいるのではないでしょうか。

実は、以前の私もそうでした。

自分に全く自信を持てず、若さがなくなってしまったら、もうそこには何も残っていないのではないか……そんなふうに人生を感じていました。

振り返ってみると、30代になってからが、気持ち的には一番どん底だったかもしれません。40代から先に楽しさがあるなんて微塵も想像することができませんでした。

でも、もし今、その頃の私に会えたとしたら、「人生ってどんどん楽しくなるんだよ！」と笑顔で声をかけてあげたいです。

ちょっとした考え方の転換や、出会う人たちとの関わり方、そして暮らしの中の小さな工夫で、私はどんどん変わることができました。30代の頃の私を知っている人からみると、別人のようかもしれません。

私が自分を変えようとしている途中で出会った人に言われた言葉が、とても心に響きました。

「人が生まれてきた目的は、人生を生き切ることなんだよ」

そう、だからそのためには今日の自分を好きであり、明日の自分が楽しみであり

たい。

たとえ今、自分の人生にモヤっとした不満を抱えていても、今からそんな自分を脱ぎ捨てて新しい自分になることもできます。

この本では、大人になってからの自信の手に入れ方、自分を変える方法をお伝えできればと思います。

私が年齢を重ねるほど楽しく、無理をせず生きていける自分になりたいと願うようになったのは、私自身が30代まで、まったく自分のやりたいことを見つけられずにいたことに関係しています。

今でこそ、イラストレーターとしていろんな仕事をさせていただき、充実した毎日を過ごしていますが、32歳までは地元の広島で悶々とした気持ちを抱えながら会社員をしていました。「こんな人になりたい」と思えるような先輩にも会社では出会えず、体が弱かったことも手伝って「私の人生、こんな感じで終わるのかなあ」

と思っていたときもありました。

でも、子どものころから好きだったイラストを「ちゃんと勉強したい」と思う気持ちがどうしても抑えられなくなり、私は一世一代の決心をしました。

安定した会社勤めをやめ、東京にやってきたのです。そして、それまでの自分からは考えられないくらい、人生が急激に変わりはじめました。


上京したとき、私は、32歳でした。

私が「遅咲きのイラストレーター」と言われるのは、イラストレーターとしてのデビューが35歳だったからです。


30歳を超えてから、生まれて初めて自分のやりたいことが見つかったので「この仕事を、できれば一生続けたい」という気持ちが誰よりも強かったのだと思います。

少しでも自分に負担をかけず、人にも迷惑をかけず、細く長くこの仕事を好きなままで続けられる方法を探そうと真剣に考えてきました。

だからこそ、そういう目線で周りを見渡したとき、年齢を重ねるほど輝く女性たちの姿が初めて目に入ってきたのです。

この本で、私がお伝えしたいなと思うのは、三つのことです。

ひとつは、夢を叶えたい、素敵な人生を送りたいと考えることに、年齢制限はないということ。いつからだって、人は変わることができるということを、私はしょぼすぎてセンシティブすぎた自分自身の経験から学びました。

もうひとつは、大人になるほど、心が素直であることが大事だということ。心がかたくなって、人のアドバイスや新しい情報にネガティブになる人は損をするし、人のすすめに素直にチャレンジしてみる人ほど新しい自分に出会えるということ。

そして、一番大切な最後のひとつは、大人になってからの人生には、手に入れるものと同じか、それ以上に「手放し、捨てるもの」を見極めることが大事だということ。

偉そうなことを言うつもりは全然ありません。

読んでいただければわかると思うのですが、私はもともと本当にコンプレックスだらけの人生を生きてきた人間です。

だけどそんな私でも、少しずつ変わろうと決めて、ひとつずつコンプレックスを減らして、手放すものを選んでいったことで、人生がちょっとずつ楽になってきました。

自分で勝手に自分の可能性をきめつけて、暗くなる必要なんてありません。何度でも言いたいです。何歳からでも、いつからでも人は変われます。

この本が、これからの人生を少しでもストレスなく、なるべくなら毎日を笑顔で、そして明日を楽しみに生きていきたいと考える女性たちのお役に立てたら嬉しいです。

２０１７年８月吉日

著者

35歳からわたしが輝くために捨てるもの●もくじ

第1章　自信は大人になってからでも手に入る

第2章 小さなモヤっとをなくすと楽になる

第3章 自分自身をご機嫌にする

第4章 チャンスをつかめる人になる

第5章 ずっと選ばれる人でいるために

装丁 小口翔平、上坊菜々子(tobufune)
本文デザイン・DTP 二ノ宮匡(ニクスインク)
イラスト 松尾たいこ
協力 佐藤友美

第1章

自信は大人になってから
でも手に入る

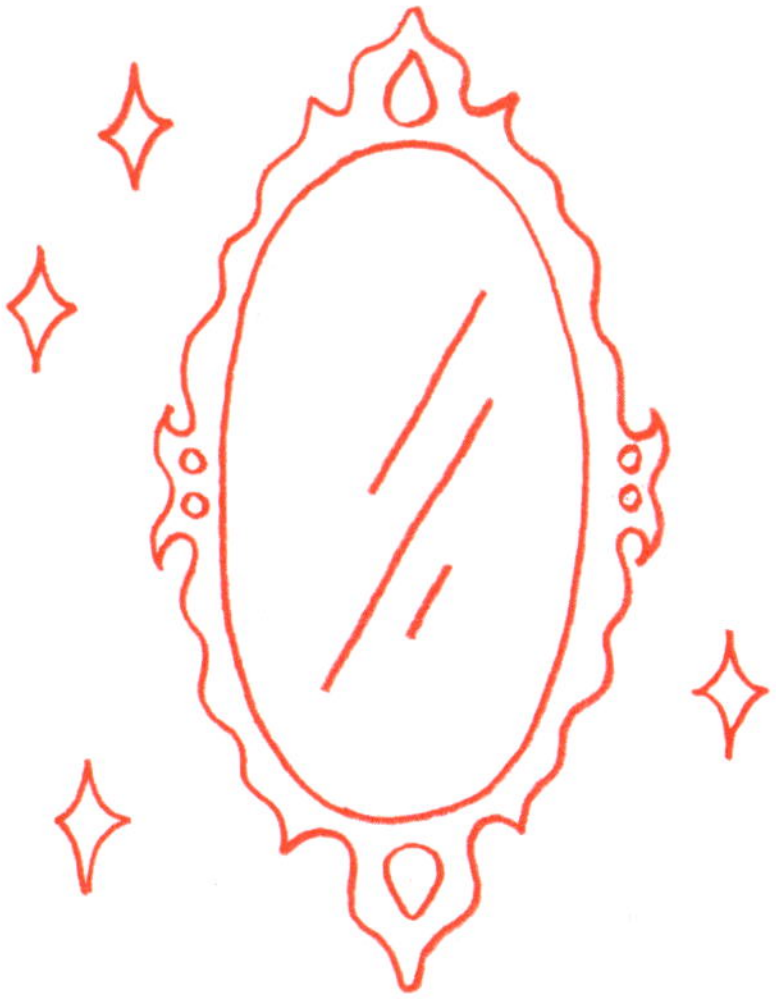

人は何歳からでも夢に挑戦できる

「松尾さんは、好きなことを職業にできていいですよね」と、よく言われます。

でも、好きを仕事にすることは、それなりの大変さがあります。

確かに、私は恵まれていると思います。

32歳になって「やっぱりイラストの勉強がしたい」と思い立って上京し、曲がりなりにもこの歳まで仕事を途切れずいただくことができていることは、幸運だと思います。

地元の広島で勤めていたメーカーの社員をやめるときめたときは、ほとんどの人には反対されたけれども、その決断を後悔したことは今まで一度も、一秒もありません。あのとき決断してよかったなと思っています。

捨てる01

年齢制限を捨てる

今、考えたら、32歳で初めてイラストの勉強を始めたのは、全然遅くなかったと思いますし、30代で転職し、40代で仕事の幅が広がり、今が一番楽しいと間違いなく言えます。

年齢が上がると、確かにできることは減ります。私がこれからオリンピックに出るようなマラソン選手になろうというのは無理だし、宇宙飛行士にもなれないでしょう。でも、できないことが100あったとしても、10くらいはできるはずです。**それをやろうとするかしないか、それだけが分かれ道です。**

32歳で上京、35歳でイラストレーターデビューした私は、イラストの才能だけで生き残ってきたわけではありません。むしろ、遅咲きであったぶん、私はこの大好きな仕事を大好きなまま続けるために、私なりにいろんな工夫をしてきました。

これから、その話をさせていただければと思います。

今からでも自分を好きになれる！

「素敵な人生を送るためには、自分に自信を持つことが大事です」

よくそんな言葉を聞きます。

でも「自信を持つことが大事」と言われても、具体的に何をしていけばいいかわからない人は多いのではないでしょうか。

そもそも、大人になってから自分に自信をつけることって、言葉で言うほど簡単じゃない。

そう思う気持ちはよくわかります。かつての私自身が、自分に自信を持てる日がくるなんて思ってもいなかったからです。

若い頃の私はとにかく自分に自信がありませんでした。

東京に出てきた頃は、電車に乗るだけでも人の視線が気になって「私、変な格好してないかな」と不安になるし、人の声が聞こえてきたら「私のことを話しているんじゃないか」と緊張するほど。知っている人と話すときでさえ目を合わせて話せないほど、極度の人見知りでした。

精神的なことだけではありません。掃除も得意じゃないし、料理も苦手。生まれつき体が弱く虚弱体質だったので、すぐに疲れてへばってしまうし、人が簡単にできるのに自分にはできないことが数え切れないほどありました。

自分に自信がないまま大人になってしまった典型的なコンプレックスの塊、それが私だったのです。

そんな私が生まれて初めて「自信のかけら」のようなものに触れたのが、夫に出会ったときのことでした。

私が「こんなこともできない」「あんなこともできない」と言うと、「君は、あんなに素敵なイラストを描けるじゃないか。それは君にしかできないすごいことだよ。人ができることは人にやってもらえばいいんだから」と言ってくれたのです。

その言葉は、それまでコンプレックスだらけだった私の心にすっと入ってきました。そうか。**たったひとつでも、自信を持てることがあればいいのか。そう素直に思えたのです。**

でも、不思議なことに「ひとつだけでも自信を持てることがあればいいんだ」と思ったときから、逆に「じゃあ、ひとつずつコンプレックスを減らしていけば、もっと自分を好きになれるかもしれない」と考えるようになりました。

それから私は、小さなコンプレックスをひとつずつ片付けていくことに挑戦し始めました。

外見的なことで言うと、歯並びが悪かったので、歯の矯正を始めました。毛深いのもコンプレックスだったので脱毛をし、メイクに自信がなかったのでメイクアップ＆カラーコンサルタントの講座を受けました。

髪型もそれまで何が自分に似合うのかわからなかったので、大人の女性のヘアデザインが得意だという美容師さんを紹介してもらいました。

それまで私は「自分にはボブしか似合わない」と思っていたのですが、Ｔｗｉｇｇｙというヘアサロンの松浦美穂さんに「松尾さんはショートのほうが頭の形が綺麗に見えるから」と言われ、ヘアスタイルもチェンジしました。髪型を変えたときは、突然いろんな人に褒められるようになって、「髪型ひとつでこんなにも変わるものなんだ」と驚いたものです。

これらは全部、30代後半になってからスタートしたことです。

ひとつひとつはとても小さなことなのですが、ひとつクリアすることによって確実にコンプレックスが減っていきました。

そういったことは、小さいけれど着実に自分の自信になっていきます。

最近では、骨盤トレーニングのおかげで、生まれてこのかたずっと悩んでいた虚弱体質も改善されてきました。

友人でもあるインストラクターの宮澤理恵さんからすすめられたこの骨盤トレーニング。運動が苦手なので最初は躊躇していたのですが、これは簡単な体操なので、私でも無理なく続けることができました。

この体操を毎日するようになってから、それまですぐに蕁麻疹が出る体質だったのに、それがなくなりステロイドをやめられ、疲れにくくなったので毎日でも外出できるようになりました。肩こりも解消され、頭痛に悩まされることもなくなり、年々体調がよくなってきています。

それだけではありません。実は、私は小さな頃から脊柱側彎症《せきちゅうそくわんしょう》という背骨が大きく曲がる病気を抱えていました。背骨が大きくカーブしているので、水着を着ることがとても嫌でした。その側彎症もほとんどめだたなくなり、ゆがんでいたあばら骨と背骨がほぼまっすぐになってきたのです。そして、首回りがすっきりしてウエステがくびれるという美容面での効果もありました。

すぐに疲れてしまうゆがんだ体とは、一生付き合っていかなくてはいけないものだと思い込んでいたので、この変化は本当に嬉しいことでした。

「なんだ、大人になってからでも、自分を変えることができるんだ!」

そう思えたら、あとは自分の気になるところをひとつずつ、マス目を埋めるように潰していくだけです。

私は今でもできないことがたくさんあるので、小さな目標を立てて少しずつクリアしていくようにしています。できないことがひとつ減るごとに、ちょっとずつ自分を好きになっていきます。

自分を変えるのは、何歳からだってできるのです。

捨てる02

コンプレックスを捨てる

いくつになっても輝いている人は素直な心を持っている

年齢を重ねるほど輝く人がいる一方で、年齢を重ねるほどくすんでいく人がいます。
この差はどこからくるのだろうと、いろんな人を観察した結果、ひとつ気づいたことがあります。

いくつになっても輝いている人は、心が柔らかく素直な人が多い、ということです。

持って生まれた美しさや才能で輝いていけるのはせいぜい35歳くらいまで。外見的なことで言うと、体型は崩れるし、顔だってシワやたるみが気になってくるのが35歳頃です。

てしまいます。

つまり、35歳は女の分岐点。

そこから先は、自分に手をかけるのを諦めるか、頑張るかの差がどんどん出てきてしまいます。

周りの女性を観察していると、この時期から、素直な心を持って人のアドバイスを聞ける人と、頑固で人の言葉に耳を貸さない人の間には、大きな差が生まれてくると感じます。

具体的に言うと「でも」と「だって」が増えてきた人は要注意です！

多くの人は、年齢を重ねるほど「自分基準」ができてしまって心に柔軟性がなくなります。そして人の意見を素直に聞けなくなります。

私の知り合いに「もう何年も彼氏ができない」と嘆く女性がいます。けれども、彼女は友人たちが「ヘアスタイルを変えてみたら」とか「○○さんはどう？　すごく素敵な人だよ」と言っても「でも、私はこの髪型が一番楽だから」とか「だって○○さんは独立したばかりで仕事が安定していないから嫌」などと言って、人のアドバイスに耳をかしません。最初は親身になって相談にのっていた友人たちも、だんだん彼女に何も言わなくなってしまいました。

それでも彼女は相変わらず「彼氏が欲しい。どうすればいい？」と聞き続けています。こういうのは、本当にもったいないなあと感じてしまいます。

誰かが自分に言ってくれた言葉に対して「でも」とか「だって」の言葉で否定から入る人は、せっかくのチャンスを逃しやすい体質になっています（余談ですが、その彼女が「仕事が安定していないから嫌」と言った男性は、新しい仕事で大活躍しています）。

「私は大丈夫」と思っている人でも、注意が必要です。

なぜなら、「でも」と「だって」は、一種の「大人病」だからです。

どんな人でも、人生の経験が増えれば、「自分基準」ができやすくなります。気づかないうちに頑固になって、自分を磨くチャンスを遠ざけてしまいます。

だから、人からアドバイスをもらったら、まずは一度やってみる。

やってみて、違うなと思ったらそのときに初めて「私には合わなかった」と、やめればいいのではないでしょうか。いつまでも輝いている人は、そんな素直な心を持っている人です。

30年生きようが、40年生きようが、自分の今までの経験なんて、たかが知れています。「世界の99パーセントは自分の知らないことでできている」と思ったら、きっとどんな意見も、素直に受け止められるようになるのではないでしょうか。

もしもあなたの口癖が「でも」や「だって」だったとしたら、その習慣をやめてみましょう。それだけでも、きっと今まで出会えなかった人や情報に出会えるようになるはずです。

捨てる 03

「でも」「だって」を捨てる

素直でいると、人がどんどんアドバイスをくれる

取材をしていただいたり、インタビューを受けたりしたとき、「松尾さんはびっくりするほど素直なんですね」と言っていただくことがよくあります。

そう言われてみて初めて気づいたのですが、たしかに私は、人のアドバイスを素直に聞いて、すぐに取り入れるタイプかもしれません。

そして、私が今までイラストレーターとして長年いろんな仕事をいただけている理由も、「人のアドバイスを素直に聞いてきたから」かもしれないと思うようになりました。

イラストレーターとしての私のキャリアは、ずいぶん遅いスタートでした。

短大を卒業したあと、地元広島で自動車メーカーの一般職に採用されて11年働いたのですが、32歳で一念発起して会社をやめ、上京して、イラストの勉強を始めました。学校に通い始めたときは、周りが5歳も10歳も若い人たちばかりで、私はクラスでも最年長でした。

絵を描くことは昔から大好きだったのですが、学校に通い始めると、自分がアートについて何も知らないことにショックを受けました。

まず、画家の名前を知らなかったし、絵画の歴史も知らなかったし、必読と言われた書籍や名作と言われる映画も知りませんでした。自分より若いクラスメイトたちが常識のように話している会話の内容がわからなかったし、最初は浮いた存在だったかもしれません。

でも、**私の唯一といってもいい美点だったのが、素直に「それって何?」「教えてほしい」と言えたことだと思います**。

イラストの学校に行っていたときは、ひたすら素直に与えられた課題を提出していました。イラストレーターが主催する教室に通ったときもそう。先生に「松尾さんはお鍋とか描いてみたら面白いんじゃない？」と言われたら素直にそれを描きました。

風景を描いたイラストがプロになる登竜門と言われる賞をとって仕事をいただけるようになってからは、しばらく風景画ばかり描いていました。でも「風景しか描けないと仕事の幅が広がらないよ。人物も描けるように練習したら」と言われ、そこから人物や動物も描く練習をしました。

今振り返ると、あのとき頑固に「風景画一本でやっていく」ときめてしまっていたら、今のようにいろんなお仕事をいただくことはできなかったと思います。

人から教えてもらった本や映画をすぐに読んだり見たり、人からのアドバイスをすぐにやってみたりすることには、二つのいいことがあります。

ひとつめは、知識が増えたり、新しい世界を知ったりできること。自分には興味がないと思っていたことでも、やってみれば意外とハマってしまうこともありま

す。

もし、自分に合わないなと思ったとしたら、そのときにやめればいいだけです。「合わない」ということがわかっただけでもいい経験になります。

もうひとつは、人から「またいろんな情報を教えてあげよう」と思ってもらえることです。誰だって、自分がおすすめした「こと」や「もの」をすぐに試して、さらにその感想を伝えてくれたら、嬉しいものです。そういう人には「また、おすすめがあったら教えてあげよう」って思いますよね。

素直に人のアドバイスを聞く人のもとには、いい情報やおすすめ情報が集まってきます。そういう人は得する人生を送るのです。

捨てる04

「知らないと恥ずかしい」を捨てる

過去の栄光を引きずらない

人のアドバイスを素直に聞くことと同じくらい大事にしたいと思うことは、「過去の栄光」や「自分史上最高」を引きずらないこと、です。

過去の失敗経験から新しいことにチャレンジできないことも残念だけれど、それ以上によくあるのが、過去の成功体験にこだわってしまって自分にはこれが一番合っていると思い込んでしまうこと。

実は、失敗したことよりも、成功した経験のほうが、人を縛ってしまいやすいものなのです。

40歳を過ぎているのに、一番モテた20代の頃のファッションやヘアメイクを引きずっている人、よく見かけますよね。周りから見たらイタい以外の何者でもないのに、本人には強いこだわりがあったりします。

そこまで極端じゃないにしても、私にはロングヘアが似合う、私には青が似合う、私にはこの仕事が向いている、この仕事はこうやれば上手くいく……。みなさんだって、そう思い込んでいることはありませんか。

これだってやはり、過去の経験値が増える大人だからこその「あるある」です。大人になればなるほど、知らず知らずに心がかたくなってしまって、捨ててもいいこだわりに気づきにくくなっているのです。

私自身にも経験があります。

たとえば、イラストを描くときに、どうしてもアイデアが浮かんでこなかった場合、過去の自分が描いた絵を自分で真似してしまうことがあるんです。「前にこんな絵を描いたなあ」と思いながら、気づくと似たような絵を描いてしまっている自分がいます。

そういうときはどういうときかというと、大抵、忙しすぎてちゃんとインプットができていないとき。

それに気づいてからは「過去の作品に似てしまうときは、インプットが足りないときなんだ」と自覚して、できるだけ仕事から離れて、自分が好きなことをする時間を増やすように意識しています。美術館に行ったり、映画を観たり、旅行に行ったりすると「あ、こんな新しい絵が描きたい」とインスピレーションが湧きます。

今はたまたま私のイラストの仕事について書きましたが、どんな人でも、過去の成功体験にしがみついてしまうときは、おそらく、インプットが足りないときなのではないでしょうか。

だから、客観的な目線で自分を見てくれる人の意見を聞いたり、新しい情報を取り入れたりするのはとても大事。そして、前の項でいったように、アドバイスをもらったら、一度はチャレンジしてみる。その柔軟性が、人をマンネリ化や老化から遠ざけてくれると思うのです。

捨てる05

成功体験を捨てる

客観的に自分を見るという点でいうと、全身が映る鏡を買うのもおすすめです。

え？　鏡？　と思われるかもしれませんが、これがなかなかいいんですよ。

大人になると、若い頃に比べて、自分をじっくり見る機会が減りますよね。

自分の顔も見慣れてしまうし、あまり粗探ししたくないという気持ちにもなりますし。でも、そこをぐっとこらえて、時々自分をしっかり客観視することで、ちぐはぐさがなくなるように思います。


はっきりとものを言ってくれる友だち。

そして、くっきりと自分を映し出してくれる鏡。

どちらも、過去の栄光に溺れそうになっている自分を救ってくれる大事な相手です。

憧れの女性を見つけて真似をする

若さこそが価値。

そう思っている人がいたら、その人は年齢を重ねていくことに漠然とした恐怖を抱いているかもしれません。

とくに日本では、年齢を重ねた女性が活躍している姿を見る機会が少なかったり、何かと若さが全てのように言われやすいので、大人の女性だからこその魅力になかなかスポットライトが当たりません。

そしてそのことが、日本の大人女性から自信を奪ってしまっているように思います。

私のツイッターやブログにコメントをくださる人たちの中にも、漠然とした「加齢に対する不安」を抱いている人が多くいます。

でも、まだきていないこれからの老いの日々に毎日怯えて生きていくなんて、絶対に嫌！

そのかわりに「どうやったら楽しく年齢を重ねていけるか」を考えたほうが、よっぽどいいですよね。

確かに、若さは魅力のひとつです。でも、魅力は若さだけではありません。

そして、若いときよりも大人になってからのほうが、自分の心がけひとつで、魅力的な女性になれるかどうかが変わってくると感じます。

先ほど言った、過去の経験値にとらわれて心が硬くなってしまう「大人病」も、老化を早めてしまう理由のひとつ。柔軟な心を持っている女性は、年齢を重ねるほど美しく輝きます。

もし、今の自分があまり好きになれないのであれば、素敵に年齢を重ねている憧れの女性を見つけることがおすすめです。

そしてその女性の真似をしてみるのです。真似をするのは小さなことからで大丈夫。ハードルはできるだけ下げて、やりやすいことからスタートしてみましょう。たとえば、憧れの女性が雑誌で好きだと言っていた映画を観たり本を読んでみるとか。その人の口ぐせをちょっとだけ真似してみるとか。髪型やメイクを真似するのもいいでしょう。

私の場合、作家の向田邦子さんや随筆家の武田百合子さんの書く文章を読んでいると「こんなユーモアのある生き方、いいな」と思って元気が湧いてきます。ただし物覚えの悪い私は、ただ「いいな」と思っただけだと、すぐに忘れてしまうので、できるだけそれをアウトプットするようにしています。たとえば、気になった言葉をブログで紹介したり、人に話すようにして。そうすると、感銘を受けた言葉が、少しずつ自分の血肉になっていくように思うのです。

加賀まりこさんも大好きです。彼女が出演している映画は、どんなところがチャーミングなのか、どんな仕草が可愛いのか、そんなことを考えながら観ます。

捨てる06

若さへの執着を捨てる

先日『赤い口紅があればいい』（幻冬舎）という本を出された野宮真貴さんもとても素敵な女性です。その本の中に、赤い口紅と拡大鏡を買うべきと書いてあったので、早速買いました。肌を乾燥させたらダメとも書かれていたので、保湿用のクリームを常に化粧ポーチに入れるようにしています。

憧れの女性を見つけたら、具体的に「真似できるポイント」を探すのがコツです。小さなことでも「真似できるポイント」を意識してみると、毎日が少しずつ変わっていきます。

おしゃれな歳上の女性は、宝物

自分の周りに憧れの女性が一人もいないなと思ったら、思い切って人間関係を変えてしまうのもいいかもしれません。

私の場合、会社をやめようと思った一番の理由は、自分よりも年上の人に「私もこうなりたい」と思える人がいなかったことでした。

このまま、この会社にいたら、自分もどんどんくすんでいってしまうように感じたからです。

今の仕事も、決してたくさんの人に出会うようなタイプの仕事ではありません。

でも、「こんな女性になりたいな」と思える素敵な人との出会いは確実に増えました。

人間関係を変えるといっても、今までの友だちと縁を切りなさいと言っているわけではありません。

気になるイベントに出てみたり、新しい出会いがある場所に出かけてみたりするだけでも、自分がそれまで知らなかった世界が広がっていることもあります。

私もそうやってあまり行かない街に出かけたり、憧れの方のトークショウに行くことで、素敵な人々に出会うことができました。

衰えていく体力や容姿に対して、ため息をつきながら毎日を過ごしていくなんてなんだかぞっとしちゃいます。

これからの人生、自分に残っているものをどう見せていくか。理想の自分にどうやって近づくかを考えていきたいですよね。

おしゃれというのは、外見的なことだけでなく内面（生き方）も含めてのことです。

素敵に年齢を重ねている歳上の女性に出会うことは、この先の人生をわくわくして過ごせるきっかけになること、間違いなしです。

捨てる 07

今の人間関係にこだわるのをやめる

「欲しがる」ものと「欲しがらない」ものをきめる

人はいつからだって変われるし、そのためには小さなハードルをひとつずつ越えて、自分のことを少しずつ好きになれる努力をしたほうがいいと言いました。

でも、世の中には、さっさと諦めてしまったほうが楽なこともあります。

たとえばどんなに欲しくても手に入らないものや、そもそも本当に欲しいのかどうか自分でもわからないようなもの。

そういうものに振り回されなくなると、人生がとてもシンプルになります。余計な嫉妬心やコンプレックスに悩まされなくてすむからです。

言い換えるならば「欲しがるもの」と「欲しがらないもの」の基準をきめておく

とでも言えるでしょうか。

諦めちゃったほうがよいものの基準は「人と比較したときに羨ましいと思うもの」。たとえば、私が今から8頭身の体型を手に入れたいと思ったって、それは無理な話。お金持ちの家に生まれたかったなあと思ったって、今さら仕方がない。

そういう「人が持っているけれど自分には備わっていないもの」は、すっぱり諦めてしまうほうが楽になれます。

それだけではありません。お隣のおうちはお正月休みにハワイに行ったらしい。いいなあ、羨ましい、うちもそんな優雅なお正月を迎えたい、というのもやはり「欲しがらないほうがよいもの」の部類に入ります。

なぜならその「羨ましい」は、人と自分を比較して「羨ましい」と考えていることだから。

人のものさしを基準に自分を測ってしまうと、自分のほうが劣っているところばかりが気になって、どんどん心が苦しくなっていきます。

嫉妬や妬みにもつながっていくので、心が休まりません。

実は、私自身がまさにそうでした。

友だちのはずなのに、フェイスブックに投稿されている家族旅行の写真にモヤっとしたり、同業のイラストレーターの友人の成功に対して素直に「おめでとう！」と言えなかったり。

そういうときは、そっとフェイスブックやツイッターのミュート機能を使って、彼女たちの投稿を見ないですむようにしたりしていました。その人たちの幸せそうな報告を聞いたときに、自分も心から喜べるようになるまでは、ちょっとだけ距離を置いていたのです。

今、振り返れば、その頃の自分は、「相手のものさし」で自分のことを測って、勝手に傷ついて苦しくなっていたんだなあとわかります。でも、当時の傷つきやすくてすぐ心が疲れてしまう自分を守るためには、それなりに効果のある対処法だったと思っています。

いろんな人や生き方を知ることはいいことだけれど、自分と比べないことが大事です。

人と自分を比べる必要はないと気づいてからは、人を羨ましいと思ったり、嫉妬したりすることが減りました。

人に嫉妬しなくていいというのは、本当に心が楽になるし、穏やかに過ごせるようになります。

でも、もちろん「あれが欲しい」「こうなりたい」と思う気持ちは、向上心にもつながっていくし自分を成長させる糧になるので、なんでもかんでも諦めればいいというものでもないですよね。

だから私は、何かが欲しい、諦めたくないと思ったときは、**それが「自分のものさし」で欲しいと思ったものなのかどうかを、一度立ち止まって考えるようにしています**。

「自分のものさし」とは、たとえば、去年の自分に比べて成長しているかどうか。来年の自分はどうなっていたいかと考えることです。

捨てる08

「他人のものさし」を捨てる

人が持っているから、人が行った場所だからではなく、自分自身が何を欲しいか、どこに行きたいかということを基準に欲しいものを考えること。

自分が本当に欲しいと思うものであれば、時間をかけてでもそれを手にいれるために努力する価値があると思います。

まやかしの「欲しがり」を捨てると、本当に欲しいものが見えてきますよ。

目標設定はしょぼければしょぼいほどいい

何かを成し遂げたいと思ったとき、目標は高ければ高いほどいいと言う人もいるけれど、それは人によると思います。

最初から大きなことをしようとすると、失敗が怖くなるし、「自分にはできないんじゃないか」と思いがちです。

だから、とくに私のように、自分に自信が持てないタイプの人には、あえて「ハードルを下げていいんだよ」「目標設定はしょぼくてもいいんだよ」と伝えたい！

ひく～いハードルを設定して、ひとつクリアできるたびに「私ってエライ！」と、自分を褒めてあげたほうが、精神衛生的にもずいぶんよいし、結果的に大きな目標にも近づきやすいのでは、と思います。

実は私は、4年前まで一人で旅行をしたことがありませんでした。海外旅行ではありません。国内ですら、実家への帰省以外に一人で移動したことがなかったのです。

でも、いつか一人で海外に行ってみたいなと思っていたので、まずは国内旅行を一人でできる人になろうと目標を立てました。

初めての一人旅の場所に選んだのは神戸だったのですが、知らない街で一人で移動できるかどうかが不安だったので、駅についてすぐに観光タクシーに乗って街めぐりをしました。それくらい怖がりの私だったのですが、この経験は私に勇気をくれました。

「一人で移動できた！　そしてちゃんと家まで帰ってこられた」というのは、人からするとびっくりするくらい低いハードルかもしれませんが、**この小さな成功体験で自分にちょっとだけ自信が持てるようになったのです**。

海外旅行を一人でできるようになるためには、一人で夜に外食できるようにならなくてはなりません。お恥ずかしいのですが、生まれて初めての一人夜ご飯を経験したのも、40代になってからの話です。

忘れもしない、私の一人夜ご飯デビューは、京都のおばんざい屋さんでした。事前に女性一人でも行きやすそうなお店を友人に聞いて、ネットで調べてシミュレーションをしました。それでも「自分だけ一人ぼっちだったらどうしよう」と不安だったので、お店が混む前、開店直後の17時半に入りました。

当時のツイッターを見返すと「今、お店に入りました」「美味しい、日本酒飲んでます」とおそるおそる投稿している私のツイートがあります。そこに「頑張って！」「一人夜ご飯デビューおめでとう」などというコメントをいただきながら、なんとか無事に一人で夜のご飯を食べるという目標を達成したのでした。

それからも、少しずつ、初めての一人シリーズを更新していきました。「初めての一人寿司」「初めての一人バー」そして、「初めての一人海外フライト（現地に住む友人に空港に迎えにきてもらいました）」など、ちょっとずつハードルを上げていったのです。

英語もささやかな目標設定をして取り組みました。

最初のうちは「とにかく一日一回、10分でもいいから英語に触れる」「それができたら自分を褒めてあげる」という低すぎる目標からスタートしたのです。

挫折しやすいものは、ちゃんとお金を投資したほうが続くと思ったので、独学ではなくプロの先生に習うことにしました。

最初はネットで見つけた『英語は5歳児の日本語で考えると面白いように話せる！』（きこ書房）を書いた奥村美里先生の「5歳児英語セミナー」からスタート。もともと知っている単語だけで簡単な英語を話すことから始めて、今はほぼ毎日スカイプ英会話を続けています。

そんな小さな目標設定をちょっとずつクリアして、そして、ついにこの間、「初めての海外一人滞在」に挑戦しました！

ロサンゼルスに住む友人に、しばらく家を留守にするので、その間愛犬の世話をしながら、その家に滞在してくれないかと言われたのです。

かつて神戸の駅前でどぎまぎしていた私からすれば、4年後に一人でロサンゼルスの友人の家に住むなんて考えもしなかったことです。でも、小さな目標をひとつずつクリアして、今回10日の一人ロス滞在をすることができました。

ロサンゼルスではのんびり仕事をする予定だったのですが、現地で初めて会う人と友だちになって毎日遊んだり、時間さえあれば海に通ったりと、仕事は全くはかどりませんでした。でも、あの場所で感じた空気や波の音は、その後の私の人生に確実によい影響を与えてくれていると感じます。

そんな経験ができたのも、人に話すのも恥ずかしくなるような低いハードルを設定して、それを越えることができるたびに「私ってエライ」と自分を褒めてあげたからです。

一年後に英語がペラペラになっている、ではなく、毎日一瞬でもいいから単語帳を開く。たとえば、痩せたいなら、いきなり10キロ痩せるではなく、「コーヒーにお砂糖を入れるのをやめる」とか。

そんな小さな目標からスタートしてみませんか。

これなら失敗しないだろうという低いハードルから始めれば、いつかは大きな目標にも手が届いているかもしれません。

捨てる09

ゴールの設定を高くしない

なんでも自分でしようとしない

昔の自分は「できないこと」を数えるタイプでした。

あれもできない、これもできないと言う私に、夫が「でも絵が描けるんだから、それだけでいいじゃない」と言ってくれ、それで人生が変わり始めたということは前にお話したとおりです。

夫にその言葉を言われたとき、自分にちょっと自信を持てたことと同時に気づいたことがあります。それは「そうか、なんでも自分でしようとしなくていいんだな」ということです。


自分が不得意なことは人に任せる。

私はそれができるようになってから、人生がものすごく楽になりました。

私は料理が苦手です。

結婚することになったとき、「私、料理が得意じゃないんだけれど」と言ったら、夫からは「別にしなくていいよ」と言われ、家にいるときは料理好きな夫が二人分作ってくれています。

ワインの銘柄も覚えるのをやめました。私がワインに関してうんちくを語れるようになったとしても、披露する場がないと思ったからです。だったら、プロに聞いてお料理に一番合うワインを選んでもらったほうがいい。

美術に関しても実は同じです。イラストレーターをやっているので、美術の歴史などにも詳しいだろうと思われがちなのですが、好きでも覚えられないものってあるんですよね。それも「ごめんなさい、詳しくないんです」と言えるようになったら、ぐっと楽チンになりました。

不得意なことを人に任せるようになってよかったと思うことは二つあります。

ひとつは、むやみに「私はこれができない」と劣等感を抱かなくてよくなったこと。**できないことにうじうじする時間を、自分が得意なことに費やせるようになりました。**

もうひとつは、その道のプロの話を聞けるようになったこと。「できないことは得意な人にまかせる」ときめてしまえば、その道に詳しい人たちの意見を素直に聞けるようになります。


英語の勉強ひとつとっても、我流で頑張ろうと思っていたときには何度も挫折してうまくいかなかったのに、先生について教えてもらうようになってから、上達も早くなりました。

歩き方のスクールでウォーキングを教えてもらったこともありました。それまで自分の歩き方が変なんじゃないかと思っていてコンプレックスだったのですが、プロに教えてもらったら、本を読んだりするよりもすぐに身につきました。

捨てる10

「完璧主義」をやめる

大人になると「これくらいは知っておかないと恥ずかしい」とか「教養がないと思われるんじゃないか」なんて思いがちですが、でも、世の中に知らないことなんてまだまだ山のようにあるわけです。**それを恥ずかしいと思わなくていい。**知っている人に頼ればいいと思えば、無駄に自信をなくす必要もありません。

得意分野がある人を知っていて、その人たちに素直に頼れるということは、「自分の脳みそが外にある」ようなものです。

なんでも自分の脳に詰め込む必要はない。

そう思えるようになったら、限られた時間を、もっと有意義にハッピーに過ごせるようになると思いませんか。

人はいつからでも変われる

昔の私は「ぶれない人」に憧れを抱いていました。
きめたことをちゃんとやり遂げられる人。いつ話を聞いても、理路整然として、自分の意見を持っている人。それこそが「大人」だと思っていたし、そんな人に憧れていました。

でも、最近は、ぶれない人が必ずしもいいわけじゃないと思うようになりました。時代の流れだって急だし、頑なに自分の意見を変えない人よりも、柔軟に生きていける人が素敵だなと思うようになったからです。**昨日と今日の自分の意見が違ってもいいと思えるようにもなりました。**

「ぶれない信仰」を手放す

だいたい、周りの人は、自分が思うほど自分に注目していません。たいして見られていないのですから、自分で作ったルールに縛られるのもばかばかしいと思います。「こうでなければならない」と思い込んで自分を追い詰めて生きていくことが苦痛になる前に、自分を楽にしてあげることも大事だと思います。

自分が選ぶ道はいつもそこだけが正しいというわけではありません。だからみんな悩んだり迷ったりします。

だけど、人はいつからでもどこからでも変われると思えば、ちょっと楽になりませんか。いつからでも変われるなら、どんな道を選んでも怖くありません。

ぶれてもいい、変わってもいい。それを自分に許すことで、大人になってからの人生が生きやすくなっていくと感じます。

第2章

小さなモヤっとをなくすと楽になる

モヤっとポイントをひとつでも減らす

第1章では、大人になってから自信をつけるための方法について書いてきました。この章では、日常から少しでも「生き辛さ」を減らして、楽に生きる方法を考えていきたいと思います。

こんな本を書いていると、「松尾さんて、ポジティブシンキングの人なのね」と思われるかもしれませんが、私は基本的に「人生って辛いな」「生きているのは苦しいことだな」と考えているタイプです。

昔から体が弱かったせいもあるし、両親が離婚したこともあるかもしれません。とにかく、物心ついたときには「人生は基本的に辛いものだ」という考え方が染み付いていました。

ですから、私が普段考えているのは、「もっと幸せに生きる方法」というような華やかなイメージのものではありません。

それよりも、面倒なこと、辛いことをできるだけ避けて、「少しでも楽に生きる方法」をいつも考えています。

心地よい生き方というよりは、少しでもストレスを少なくして寿命まで生き切る方法と言い換えてもいいかもしれません。

そんな私が、普段の生活で最も大事にしていることは、ちょっとした「モヤっと」をいかに減らすかです。

もう、これに命をかけているといってもいいくらいです（笑）。

身近なことでいうと「使いにくいなあ」と感じるものを、どんどん捨てていく。

これだけでも、日常のモヤっとが減って、ストレスも一緒に減っていきます。

最近でいうと、化粧ポーチを買い替えました。今まで使っていたものは、仕切りがなくて中身がごちゃごちゃになったり、化粧水ボトルを横に入れなくてはいけないのが気になっていたんです。こういうことって、生活に困るほどではないけれど、でも毎回使うたびに必ずモヤっとするわけです。

それを、ちょっと大きめの、ヴェラ・ブラッドリーの仕切りのある化粧ポーチに切り替えただけで、そのモヤっとが解消されました。小さなストレスとはいえ、毎日感じていたモヤっとなので、改善されたのですごくすっきりしました。その後はさらに軽さを求めてモンベルのトラベルポーチに買い替えました。現在進行形でモヤっとポイントを改善中です。

先日もタイツと下着の収納方法を変えたら、モヤっとが減りました。

タンスの中にまとめて入れると、タイツや下着ってごちゃごちゃして、探しにくいんですよね。さして大変というほどではないけれど、毎朝着替えのたびに、モヤっとしていたんです。

これを、仕切りのあるボックスを買って、洋服棚に置きまるめて収納するようになったら、一日でどこにどのタイツがあるのかわかるようになって嬉しくなっちゃいました。

すごく些細なことだけれど、毎日の快適さが全然違います。

少しでもモヤっとするものは買わない。

間違って買ってしまったときは、よりストレスが少ないものに買い替える。これをするだけでも、毎日が今よりちょっと楽になります。

捨てる 12

使いにくいものを捨てる

必需品はとにかく小さくする

服やアクセサリーのように、持っていて心がうきうきするのではない必需品は、いかに小さく、コンパクトにできるかをいつも考えています。

たとえば、防災用のポーチの中身。

２０１１年の震災以来、常に持ち歩いているポーチには、ラジオ、懐中電灯、ホイッスル、ＵＳＢケーブル、モバイルバッテリー、コンセント、イヤフォンなどが入っています。

これらの中身はこの6年間でどんどんアップデートしていきました。具体的には、「より小さいもの」にチェンジしています。

モバイルバッテリーもラジオも懐中電灯も、最初に用意したものよりずっと小さいものになっています。

持ちものが少ないと、大きなバッグを持たなくてよくなります。それだけでストレスが減りますし、いろんなサイズのバッグが楽しめるので、いつも「次は何を小さくしようかな」と考えています（笑）。そこに対して使うお金はケチりません。「こっちのほうがコンパクト」と思った瞬間、買い替えるようにしています。

荷物が少ないということは、身軽に動けるということ。

大人になったとき、好奇心を失って腰が重くなると、どんどん自分が鈍化していきます。

「あそこに行きたい！」と思ったときに、ぱっと動けるフットワークのよさは、荷物をコンパクトにするところからも生まれると思います。

捨てる13

大きな荷物をやめる

うなずかないだけでも、モヤっとが減る

世の中には、「自分さえ我慢すれば丸く収まるなら、我慢してしまう」という人がたくさんいます。

たとえばランチに誘われたとき、友人が「パスタが食べたい」と言ったら、自分は和食が食べたいと思っていても「あ、私もそう思ってた！」と同調してしまう人、いますよね（まさに、かつての私です）。

でも、その「本当は思ってもいなかったけど」と心の中で思いながらする同調の返事って、実はちょっとずつ自分の中に「モヤっと」をためていっています。

そしてそのモヤっとは、必ずストレスにつながっていきます。

この間も、こんなことがありました。

私がお気に入りのレストランがあるのですが、私の友人がそのことを知らずに「ここって、手づかみで料理を食べるんだよ。なんか動物のエサみたいで嫌だよね」と言ったのです。

私は、そのワイルドさが気に入っていたし、食材も新鮮で美味しいと思っていたので、彼女がそう言ったことには少なからずショックを受けました。

彼女が私に同意を求めてきたとき、以前の私だったら「うん、そうだよね」と言ってしまっていたと思います。別に、そう同意したからといってお店の人に聞こえるわけではないし、実際そう言っても問題なかったと思います。

でも、自分はそう思っていないのにな、と考えながらも相手の意見に同意することは、思った以上に自分の心を傷つけるんですよね。そのときその場はいいとしても、あとで家に帰ってから「どうして私はあのとき『そうだよね』って言っちゃったんだろう」ってモヤっとすることが目に見えているんです。

なので、私はそのとき、とくに返事をせずに黙っていました。

私が彼女の言葉に同調しないことで、ちょっとした微妙な空気は流れましたが、そうした甲斐あって、家に帰ってから変な後悔の念でモヤっとすることもなかったわけです。

そこで「いや、私はそう思わない。あのお店は美味しいと思うよ」とまでは言えないところが私の弱っちいところですが、「そうだよねー」と言わなかっただけでも、自己嫌悪を抱くことなく済みました。


だから、これだけでも、大きな前進！　エライぞ、頑張ったぞ、と自分を褒めてあげました。


こういうシーンで、つい相手が望んでいる言葉を言ってしまったり、相手の意見にうなずいてしまう人、いますよね。

私自身ももともとすごく八方美人で、人に嫌われるのが怖くて、自分の意見が言えないタイプだったからよくわかります。

そういう人におすすめなのは、思ってもいないことに相槌《あいづち》をやめること。

最初に自分の意見は言えなくてもいいのです。ただ、納得がいかないときに、その意見にうなずかないだけでも、モヤっとが確実に減ります。

捨てる14

思ってもいない相槌をやめる

空気は読むけど、やらない

先ほど言ったような、「自分さえ我慢すればいい」と考えるタイプの人は、妙に空気を読むのがうまいのが特徴です。だから、空気を読み続けて相手が喜んでくれることばかりして、どんどん自分の中にモヤっとをためていってしまいます。

人と衝突することはないでしょうが、八方美人の自分に嫌気がさしている人もいるのではないでしょうか。そういう「うっかり八方美人になってしまって、あとでモヤっとする」人たちにおすすめの方法があります。

それは、あえて、「人が望んでいることの反対のことを先に言う」ことです。

先ほどの例でいえば、「ああ、この人きっとパスタが食べたいんだろうな」と空気が読めてしまったとしても、先に「私、和食が食べたいんだけれど、どうかな？」と言ってしまうのです。

　最初は勇気がいりますが、だんだん自分の意見を言うことに慣れていきます。意外かもしれませんが、相手が言ったことを否定するよりも、自分が先に意見を言うほうがハードルが低いものです。これを続けていくと、少しずつ、自分の意見を伝えることが怖くなくなります。

　八方美人をやめることは、決して喧嘩をふっかける人になるわけではありません。自分のやりたいことも主張しつつ、相手のやりたいことも聞く。対等なステージに立って意見を言えるようになるためのトレーニングだと思って、ぜひやってみてください。

捨てる 15

八方美人をやめる

ネガティブに引きずられない

モヤっとするのは、何も持ちものだけではありません。

その人と会うだけでいつも疲れる、モヤっとさせられる人はいないでしょうか。

まず、自分にネガティブな感情を起こさせる人とは、距離を置いていいと思います。たとえば、せっかく自分を奮い立たせて頑張ろうと思っているときに、その心をくじけさせるようなことを言う人とか。


前に一人で海外旅行をするときめたときに「多分、否定的なことを言うんだろうな」という人に、どうしても連絡をとらなきゃいけないことがありました。

嫌な予感はしたのですが、案の定電話口で「ロスに行くんだよね。心配だなあ。

本当に一人で大丈夫?」と言われ、シュンとしてしまったことがあります。

自分でも不安を感じていたのに、それを指摘されて余計不安になってしまったのです。

相手は「あなたのためを思って心配しているのよ」と言うかもしれませんが、そのときの私が欲しかったのは「あなたならできると思う」と、背中を押してくれる言葉。そのため、無駄に落ち込みました。


自分に意見をしてくれる人は大切な存在ですが、「ずけずけ」と「サバサバ」は違います。**いつも自分を否定してくる人とは距離を置いてもいいでしょう。**


「不景気だ、不景気だ」「昔はよかったのにこれからは食べていけないんではないか」と話す同業者も苦手です。

確かにイラストレーターの職業は、不安定なところがあります。でも、ネガティブな発言には心が引っ張られてしまうし、それでいて得るものがないのであれば、一緒にいていいことはありません。

ビオトープという言葉があります。これは、動植物が育つ「生息地」といった意味ですが、世の中にはこのビオトープが違う人がいます。自分の価値観や育った環境によってビオトープは違ってきます。それは、諦めるしかありません。

ネガティブな気持ちをあおってくる人たちからは、距離をおいてみましょう。びっくりするほど、すっきりしますよ。

捨てる 16

ネガティブな人を避ける

嫉妬心がなくなればモヤっとが減る

先ほど書いたように、あからさまに「付き合うと疲れるネガティブな人」はまだわかりやすいからいいのですが、実は意外とストレスになっていることに気づきにくいのは、「仲がいいのだけれど、嫉妬や妬みを感じてしまう相手」です。

とくに、相手に特別非がない場合は、モヤっとの感情を見て見ぬふりをしてしまいがちです。

こういう人と付き合っていると二重の意味で疲れます。

まずは嫉妬をするたびに自分がモヤっとする疲れ。そして次に、「嫉妬を感じてしまうなんて、自分はなんて器が小さい人間なんだろう」と、自分を責めてしまう疲れ。

本当は、嫉妬なんて感情は持たないようにするのが一番いいとわかっています。でも、そんな訓練ができるほど私は大人ではないので、嫉妬を感じる原因のほうを減らしていきます。

頻繁にお誘いされるのであれば、「今、仕事が忙しくて時間がとれないんだ」と言ったり、それがＳＮＳ上でのモヤっとであれば、前にも書いたようにこっそりミュートしたり。ちょっとずるいと感じるかもしれませんが、それで自分の心が穏やかでいられるなら、それが一番いいと思うんです。

ポイントは「笑ったままで撤退」すること。「またねー」と笑顔で手を振りながら、少しずつ後ずさりするのがコツ。わざわざ揉めたり喧嘩する必要はありません。相手から距離を置いて「見えないボックス」に入れればいいだけです。ひょっとして時間がたったら、また気持ちのいい友人として付き合えることもあるかもしれません。

私もある時期は「友だちの多さが人気のバロメーター」「フェイスブックの友だ

ちが少ないと恥ずかしい」などと思って、数少ない友だちを大事にしなきゃとやっきになっていた時期もありました。でも、そのときって、本当に自分が苦しかったんですよね。

もしも、「一人になるのが怖いから」という理由で、たいして気の合わない友人とつるんでいるのであれば、思い切って手放してしまいましょう。

一人でいることは、孤独ではなくて、自由です。

不思議なもので、友だちは減らした分だけ、新しくできるようになっています。モヤっとする既存の友だちとの予定でスケジュールがいっぱいになっていたら、新しい出会いにも巡り合えません。人間関係の循環をよくするためにも、モヤっとする友人からは笑顔で撤退！

捨てる 17

嫉妬を感じる人からは離れる

気分がのらないことこそルーティンにする

面倒だけれど、どうしてもやらなきゃいけないことってありますよね。たとえば、家の掃除や洗濯など。

こういう心がうきうきしないものは、できるだけルーティン化してしまって、いちいち頭を使わないでも体が勝手に動くようにしてしまえば、ストレスが減ります。

たとえて言うなら、毎日の歯磨きみたいな感じ。歯磨きって、みんな頭を使わずに習慣になってますよね。それくらい、頭を使わないですむようなルーティンにするのです。

今、歯磨きと言いましたが、実は私、歯磨きですら昔は苦手でした。子どもの頃にあまり歯を大事にしてこなかったので、大人になってから歯医者通いが大変だったほど。今でも歯は私の弱点で、すぐに虫歯になりやすいので、歯磨きをルーティン化して、頭を使わないでも体が勝手に動くようにしています。

まずタンスクレーバーという器具で舌の垢をとる↓次に歯を磨いて↓ウォーターピックという機械で歯間の汚れをとって↓デンタルフロスをして↓最後に歯間ブラシを使ってフィニッシュというフルコース！

でも、これもルーティンにしてしまえば、苦じゃなくなるんですよね。

ルーティン化だけでなく、いかに同じことを手早くやるか、攻略法を考えるのもひとつの手です。

私は、掃除が大の苦手です。片付いている部屋は好きだけど、掃除をするのはおっくうだし面倒。だからこそ、いかにそれを楽に疲れないように攻略するかに熱意を持って取り組んできました。

たとえばお風呂掃除って、体力もいるし疲れます。だったら、どうすれば楽になるかと考えた結果、最近我が家のお風呂からいろんなものがなくなりました。

まず、お風呂の椅子をなくしました。よく考えたらなくても大丈夫だなあと思ったので。あの椅子があると、どうしても定期的にカビとりしなきゃいけないので、大変だったんです。

次に、洗面器。これもフック穴がついていて吊り下げられるものに買い替えました。前のものはお風呂場の床においていたので、どうしてもヌルヌルして頻繁に掃除しなくてはいけなかったんですよね。これが小さなモヤっとポイントだったのです。それをぶら下げて収納するようになったら、ずいぶんストレスが減りました。

お風呂自体も、そんなにしょっちゅう掃除したくないから、お風呂を出る前にお湯を抜いて、体を拭いたバスタオルでバスタブ全体をしゅっと拭いてしまえば、一～二週間は特別に掃除しなくても大丈夫ということがわかりました。

最近では、掛布団カバーも買い替えて時間短縮に成功しました。

ずぼらと言われてしまうかもしれませんが、掛布団カバーって、いちいち布団をカバーに入れて紐を結んでジッパーをしめて……と、面倒ですよね。

これをなんとか楽にできないかと思って買ったのが、西川リビングの掛布団カバー。これは、スナップ式なので、取り替えが簡単です。


攻略法や動線を考えたり、より楽チングッズを買うことで、「お、前より楽になった！」と思えると、自分を褒めてあげたくなるし、やる気も出ます。


リアルとネットの使い分けもおすすめです。

私の場合、買っても楽しくないものは、極力ネットで買ってしまいます。トイレットペーパーとか、ミネラルウォーターとか、そういうものは、わざわざスーパーマーケットに買いに行ったりしません。

一方で、服やアクセサリーを見たり買ったりするのは大好きなので、そういうことには時間を使ってお店に出向きます。

私はもともと体が弱かったので、小さな頃から限られた体力をどの分野に使うかを真剣に考えてきました。
でもよくよく考えたら、誰だって年齢を重ねるにしたがって体力も集中力も落ちていくわけだから、力を注ぐところ、手を抜くところの取捨選択は大事だなあと感じます。

苦手なことはルーティン化
面倒なことは攻略法を考える
限られた体力は好きなことに使う

この三つだけでも、毎日がちょっと楽になりますよ。

捨てる18

「面倒に感じること」を減らす

目から入る情報をできるだけ減らす

我が家は時々自宅で取材を受けることがあります。そのとき、とても驚かれるのは、少ないもので生活していることです。これは、夫の影響によるところが大きいです。

夫は徹底してものを持たないタイプです。

一緒に暮らし始めたとき、「え？　これしか荷物がないの？」と驚きました。ジャーナリストという仕事がら、本や資料の数は多いのですが、それらも本当にすっきり整理されています。

テーブルの上や床の上には、何ひとつものが置かれていないのが、夫にとっての日常の状態。まるで掃除したてのホテルのようです。私が何日かテーブルの上に置きっぱなしにしたものは、「これ、捨ててもいい?」と聞かれてしまいます。
最初はその徹底したものの少なさに驚いていたのですが、そのうちだんだんと、もののない生活が心地よくなってきました。

今では、なんだか頭がごちゃごちゃするなあと思うときは、まず片付けをするようになりました。

今の世の中、黙っていてもどんどん情報が入ってきます。そしてその情報に対応するだけでも人は十分疲れてしまいます。けれども部屋がすっきり片付いていると、物理的に目から入ってくる情報が少ないので、疲れにくくなると感じます。

部屋が散らかっている状態だと気持ちも散漫になりやすいものです。「ああ、あそこが散らかっているなあ」と頭の片隅で思いながら仕事をしていると、どうしても集中力に欠けます。でもすっきりと片付いた部屋で仕事をしていると、視界に気になるものがないので、仕事だけに集中できるようになります。

しかもものが少ないと、全体が見渡せるので、さらに「いらないもの」に気づくというサイクルに入ります。

このゾーンに入ると、断捨離に加速がつきます。「あと、何を捨てられるだろう」と考えるのが快感になるほどです（笑）。

最近では、洗面所にあったペーパータオルとゴミ箱を捨てました。

毎日洗濯をするので、タオルを毎日替えればいいだけですし、ペーパータオルを使わなければ、ゴミ箱を使う必要もありません。

「あると便利」レベルのものはだいたい捨てられます。「なきゃ困る」ものだけで十分気持ちよく生活できてしまいます。

この数年で、我が家から断捨離されたものは、こんなものたちです。

・石油ファンヒーター（エアコンだけで十分だと気づいたので）
・ワインセラー（近くにコンビニも酒屋もあるので）

・デスクトップパソコン（三拠点にデスクトップをそろえるのはもったいないので、ノートパソコンを持ち歩くことに）
・GOPAN（お米からパンを作れるホームベーカリー。近所に美味しいパン屋さんが多いので）
・自転車（歩きながら店をみてまわるほうが楽しいと気づいたので）
・シャンプーとトリートメント（コームで汚れをとってお湯だけで洗う方法に変えました）
・本棚（二つ並べていたのをひとつ処分。本当に好きな本だけを残し一年以上開いていない本は売りました）
・衣装棚（同じ衣装棚を三つ並べていましたが、ひとつ処分して寝室にスペースを確保）
・着物（ずっと着ていない着物が場所をとっていたので、買取してもらいました）
ものが少なくなると、自分が持っているものを全部把握できるようになります。嫌いなものは買わないので、目に入るもの全てが好きなものになります。

そして何より、ものが少なくなると「余白」が生まれます。不思議なもので、余白があると、自分にとって本当に必要なものに出会ったときに、すぐにそれに気づくことができるし、さっと素早く手を伸ばすことができます。そういう人は、チャンスも逃さない人だと思います。

捨てる 19

「あると便利」を捨てる

第3章

自分自身をご機嫌にする

頑張った自分にご褒美を用意する

年齢を重ねると、自分の取り扱い方が少しずつわかってきます。どんなときに自分がモヤっとするのか。どんなときに機嫌がよくなるのか。

長年自分と付き合ってきた自分だからこそ、若いときに比べて、自分自身の正しい取扱説明書を持てるようになる。これは、年齢を重ねることのよい側面のひとつだなあと思います。

同じ毎日を過ごすなら、ちょっとでもご機嫌な時間を増やしたいと思うのは、誰もが感じていることだと思います。

とくに私はもともと物事をネガティブにとらえやすい性格だったので、「自分のご機嫌をとる」ことを意識的にしています。

いつもよりもハードルが高いことにチャレンジしているとき。

苦手なことを頑張ってやるとき。

こういうとき、私は、「これができたら、お祝いしよう」と、自分にご褒美を用意します。

大げさなことじゃなくてもいいのです。この仕事が終わったら甘いものを食べるぞー、でもいいと思います。何かご褒美があるとわかっていたら、励みになります。

私の場合、ときどき原稿を書く仕事を依頼されます。

イラストを描くことに比べると、やっぱり文章を書くことは難しいと感じるし、ストレスもたまります。

そういうときは、お気に入りのカフェで美味しいコーヒーを飲みながら書くとか、ここまで書き進んだらウインドーショッピングに出かけようとか、そんな小さなご褒美を用意して乗り切ります。

昨年、友人のすすめで「一年間新しい服を買わない」ことにチャレンジしました。服を買うことが何よりも好きだった私にとって、そのチャレンジはかなり苦しいものになるだろうなと思ったので、三カ月頑張れたときにはお寿司を食べる、一年頑張れたときには旅行をするなどときめて、それを楽しみに続けてきました。

ご褒美は、人にしてもらうという手もあります。
「私、〇〇をやってみることにしたんだー。実現したらお祝いしてくれる?」と言って、実際に友人のおすすめのフレンチレストランに連れて行ってもらったこともあります。おめでとうを言ってもらえ、ご馳走もしてもらえるなんて二重のラッキーです。

先日も制作に二年間かかった本を出版した際は、以前から気になっていた指輪を買いました。手元を見るたびに、そのときの頑張りを思い出せます。

いつでもストイックに頑張るなんて、難しいですよね。

ガス抜きができるポイントを用意して、ときには自分を甘やかしてあげるのもいいのではないでしょうか。

捨てる20

ストイックな自分を捨てる

「本当に必要なもの」を見極める

先ほど「一年間新しい服を買わない」チャレンジをしたと言いました。

きっかけは、出版社で働く友人のフェイスブック投稿でした。彼女はとてもおしゃれな人なのですが、「一年間服を買わないことを実行したことで面白いように服の見方が変わった」と書かれていたのです。

そして「服を買わない生活を続けることで、本当に自分の好きなものがはっきりして、もの選びに妥協をしなくなった」とも書かれていました。

これに私はとても興味を持って、その友人にアドバイスをもらいながら、同じチャレンジをすることにしました。

チャレンジをするにあたって、いくつかマイルールをきめました。

まず、靴やバッグやアクセサリーは買ってもいいことにしました。これは手持ちの服を生かすためです。実際、それまで着なかった服を活躍させることができるようになりました。

それと、下着類も買ってもいいことにしました。下着はさすがに消耗品だし、ヨレヨレだとみすぼらしいので。

さらに、たまにテレビや雑誌の取材を受けることがあるので、その撮影用の衣装も買っていいことにしました。

この三つのマイルールを作って、まずは100日を目標に。できそうだったら、期間を伸ばそうかななどときめて、無理をせずにゆるくスタートをしました。私の性格からして、最初からゴールを高く設定すると、苦しくなって挫折してしまうかもと思ったからです。

途中、Tシャツなどの定番の服は、同じものを買い替えるのはOKというルールも追加しました。

というのも、私はもともとTシャツを9枚しか持っていなかったのですが、そのうちへインズのTシャツ3枚を何度も着ていたら、さすがにくたっとみすぼらしくなってきたからです。

結果からいうと、このチャレンジは一年間続けることができました。そして、この経験は、私にとってものすごく貴重なものになりました。

まず、新しい服が増えないので、今ある服を大切にするようになりました。今までは毛玉ができたら新しいのを買えばいいと思って買い替えていたのに、毛玉とりブラシを使って大事に着るようになったり、それまではボタンがとれたらとれっぱなしで着なくなっていた服を、ちゃんと手入れするようになったり。

前は「人に会うときは、毎回違う服を着て流行も意識しなきゃ」という強迫観念があったのですが、物理的に今シーズンのものを買えないので、それもできなくなりました。でも毎回違う服を着ていかなくても何の問題もないんですよね。そんな

捨てる 21

「好き」と思えないものは捨てる

当たり前のことに、どうして今まで気づかなかったんだろう！

撮影用の衣装は買ってもいいルールだったのですが、たった数回しか着ない服に大金をはたくのが馬鹿らしくなり、ドレスや個性的なワンピースなどはレンタルを上手に使うことも覚えました。

服が増えないと、よく着る服と全く着ない服があることに気づきやすくなります。その結果、服を買わないどころか、もっと捨てられると思うようになり、一年の間に、手持ちの服は3分の2くらいに減りました。

今、私の家のクローゼットにはほぼ「好きな服」と「活躍する服」が並んでいます。服を買わないチャレンジは、自分にとって本当に大事なものが何かに気づくきっかけになりました。

クローゼットを好きなものだけで埋める

服を買わないチャレンジをしてよかったのは、単にものが減ってすっきりしたというだけではありません。

本当に自分が好きなものを知り、それに囲まれて生活することの幸せさを感じることができるようになりました。

チャレンジが終わったあと、最初は「今までの反動で爆買いしてしまうかも」と思いましたが、そんなことはありませんでした。「服断食」が明けたあと、意気揚々と買い物に行ったのですが、「これはいる」「これはいらない」という明確な軸を持って買い物できたので、無駄買いが全くなくなりました。服を買わない一年の間に、自分の好みがはっきりわかったのです。

私が好きな服は、顔立ちがぱっと明るく見えるもの。くすんだ色の服はあまり着ません。サイズがちゃんと合っていて清潔感があるもの。若い頃とは体型が変わっているので、それを綺麗にカバーしてくれる形や素材も重要です。味のあるヴィンテージは好きですが、ダメージ加工していないものに限ります。

以前はトレンドを先取りしている伊勢丹などの百貨店に行くのが好きでしたが、あまり流行を気にしなくなった今は、自分の好みの服がそろっているセレクトショップに行くことが増えました。どうしてもトレンドのもので欲しい服があるときは、大人の女性でもチープに見えないＺＡＲＡなどのファストファッションを上手に使います。ファストファッションのお店は、これから流行るものではなく、今、流行っているものがリーズナブルな価格で揃っているので「これが欲しい」という明確な目的があって行くぶんには使い勝手がいいと思います。

そういう基準で服を厳選していくと、クローゼットを開いたときに、お気に入りの服だけが並んでいて、その並びを見ているだけでも幸せな気持ちになります。

昔、クローゼットがパンパンだったときは、服どうしが押し合いへしあいをしていて、ハンガーにかけているにも関わらずシワがよっていたりすることがよくありました。そんな様子を見ていると、せっかく買ったのに、服を大事にできていないという罪悪感もつきまといます。自分がどんな服を持っているかも把握しきれていなかったし、うっかり同じような服を買ってしまうこともありました。

でも今は、クローゼットの中の、風通しがよいのがわかります。ぎっしり詰め込んでいないので、何を持っているかが一目瞭然だし、何より好きな服ばかりなので、「今日はこれを着て行こう」と考えるのが幸せで、ご機嫌な気持ちで一日をスタートできます。

クローゼットを好きなものだけで埋めると幸せと言いましたが、物理的なクローゼットだけではなく、心のクローゼットも同じなのではないかと感じます。

やることが多すぎて余裕がない

友だちの予定に合わせすぎて自分の時間がない

仕事を受けすぎて毎日てんてこまい。

そういうときはおそらく、心のクローゼットがパンパンになっている状態です。

心のクローゼットがパンパンだと、やっぱり風が抜けないし、シワもよってしまいます。

逆に、いつまでたっても若々しい人は、心のクローゼットに余裕がある人だと感じます。余裕があるから、人のアドバイスも素直に聞けるし、新しいチャレンジもできます。

家のクローゼットも、心のクローゼットも、好きなものだけで満たしておく。それがご機嫌に生きていくひとつの秘訣だと感じます。

捨てる22

詰め込みすぎをやめる

おしゃれはその日のテンションを上げてくれる

服を買わないチャレンジを始める前は、「一年たったら、服に関してもミニマル志向になっていたりして」と思ったりしましたが、そんなことは全然ありませんでした。

ものをあまり持たない。しかもできるだけコンパクトでシンプルなものしか家に置かないときめている私ですが、服に関しては話が違います。

やっぱりちょっと個性的な服が好きだし、モノトーンよりは綺麗な色の服が好きです。そして、好きな服を着て、ちゃんとメイクをしていることで、その日一日を気持ちよく過ごすことができるので、心を上げてくれるおしゃれな服は、私にとってなくてはならないものです。

私はゴミ捨てに行くのにも、メイクをしてお気に入りの服で外に出るのですが、それには理由があります。

それは、これまで何度も書いてきたように、自分に自信がなかったからです。

自分に自信がない人が、少しでも自信のかけらを持てるようになるためには、「褒められる」ことが一番の近道です。

その「褒められる」ことは、仕事でもいいし、性格についてでもいいのですが、一番相手が気軽に褒めてくれるのが、着ている服や髪型、ネイルなどの、ぱっと目につく要素なんですよね。

だから、私にとっては、おしゃれは「自信ポイント」を稼ぐために、不可欠な要素なのです。

人に褒めてもらえると、一日ご機嫌で過ごすことができます。ご機嫌で過ごせる日が一日でも増えると、生きていくことも前よりちょっと楽しくなります。

前に、一度だけすっぴんでゴミ出しに行ったときに、近所のイラストレーターさんに会ってしまったことがあります。

ゴミを出し終わってふと視線を感じたのでそちらを見たら、知り合いの顔があって、思わず「あ！」と、言ってしまいました。向こうは私だと気づいていたのだけれど、私がすっぴんだったからか、声をかけにくかったそうです。

それを聞いて、私はもう恥ずかしくて恥ずかしくて、挨拶もそこそこにして、逃げるようにその場から立ち去りました。


たかがすっぴんを見られただけと言われるかもしれませんが、すっぴんだと自分に自信が持てないし、人の顔をまともに見られないので、会話どころではありません。

このとき、ちゃんとメイクをして、おしゃれな服を着ていたら、そのイラストレーターさんとの立ち話も弾んだかもしれません。でも、すっぴんで適当な服を着ていたから、その機会を持てなかったわけです。

捨てる23

人に会えない格好の日を減らす

だから、それ以来、人と会って恥ずかしい思いをしないような格好で家の中でも過ごすようにしています。部屋着という概念をなくし、家の中でもお気に入りの服を着て、そのままお出かけもします。

ちょっと近くに買い物に行くとき、犬の散歩で近所を歩くときでも、いつ誰と会うかわかりません。**知り合いに会うかどうかだけではなく、その日に初めて会う人との出会いがあるかもしれないのです。**

そのときに、「うわ、こんな格好してこなきゃよかった」と思うようなファッションやメイクだとせっかくのチャンスをふいにしてしまうかもしれません。

そんな日が一日でも減っていくことは、逆にいうと、ご機嫌で過ごせる日が増えるということにもつながります。

「残す」ものを厳選して人生をご機嫌にする

数年前に、仕事でブータンに行きました。ブータンは国民の幸福度が世界で最も高い「しあわせの国」として知られます。**そこでブータンに住んでいる人から「選択肢が多いほうが幸福度が下がる」という言葉を聞き、はっとしました。**

たくさんのものに囲まれているから幸せなのではなく、自分が大好きなものや人に囲まれて過ごすことが一番の幸せなのだなと最近よく考えます。

ここまで、いろんな「捨てる」について話をしてきましたが、何を捨てるかを考えることは、同時に何を「残す」かを考えることにつながります。

ものは少なくシンプルに暮らしたいけれど、それで味気ない生活になってしまっては意味がありません。「残したもの」のほうに、思い入れがあるからこそ、生活にあたたかみや楽しさが宿ります。「残すもの」を厳選することが、人生をより豊かにしてくれると思うのです。

私が「捨てるもの」と「残すもの」に真正面から向かい合うことになったのは、三つの家を行き来する生活をするようになったからです。

拠点を複数持つことになったきっかけは、東日本大震災でした。

かつて経験したこともない大きな揺れを体験したことは、私にとってとても大きな恐怖でした。被害はなかったのですが、夫が戻ってくるまでの間、二匹の犬と一緒に泣きながら震えて過ごしていた時間が、トラウマになってしまったのです。

そのときに、拠点がひとつしかないことのリスクについても考えることになりました。

私も夫もフリーランスなので、普段は家で仕事をしています。大きな災害が起こって東京の家がなくなったら、職場も同時になくなり、収入源もなくすことになります。そのリスクを分散するために、何かあったときにすぐに駆け込める場所に家を持とうと考えました。

東京からの移動も簡単で、犬と一緒に住める場所ということできめたのは軽井沢の物件です。震災から二カ月後にはもう契約をしていたので、思い立ってすぐに行動しました。

さらに、2014年にはイラストの仕事に加えて、陶芸を始めたこともあり、福井にも工房兼住居を構えました。

今は、一カ月のうちの二週間を東京で過ごし、一週間が軽井沢、一週間が福井といった生活を送っています。

東京で生活していたときに比べ、二拠点、三拠点になった今は、いかに身軽でコンパクトに移動するかが課題になり、手元に残すものを厳選するようになっています。

軸足は東京にあるので、軽井沢や福井の家は自然と厳選されたものしかない状態になります。

そして、その少数精鋭のものだけで暮らしてみると、意外と不便なく過ごせることがわかりました。不便がない、というより、むしろものの少ない軽井沢や福井での生活が心地よいとすら感じるのです。

前にも言いましたが、ものが少ないと、目に入る情報量が少ないので、自然と思考がスムーズになり、考えもまとまりやすくなります。

ものをたくさん持つのではなく、選んで残すことの大切さを日々感じています。

捨てる24

適当に選ぶのをやめる

物語があるものを選ぶ

ものを選ぶときには、そこに背景があるものや、物語を感じるものを選ぶようにしています。**そうすることで、ものへの愛着も増すからです。**

数年前に訪れたブータンでは、ベッドカバー用の布を買いました。

もともとは女性の民族衣装で「キラ」という、腰に巻く衣類なのですが、サイズ感がベッドカバーにぴったりだったのです。

そのときは、実際に機織りの工房を見せてもらって、その技術の高さに感動しました。

アンティークだったので、ブータンで買うにはとても高い買い物に感じましたが、毎日ベッドメイクをするたびに幸せな気持ちになるので、心から買ってよかったと感じます。

お風呂場で使う重曹や犬用のフードを入れるのに最近気に入って使っているのが、野田琺瑯のストッカー。樹脂のフタがついていて、やわらかいので開けやすく密閉もちゃんとされます。持ち手がついているのも、使いやすくて気に入っています。

10年以上使い続けて、ついに割れてしまい、買い替えたのが白山陶器の平茶わん。１００種類もあって、選ぶのも楽しかったです。私のラッキーカラーのピンクのお茶わんを選びました。

これらはどちらも歴史のある丈夫なもので、作り手の想いが伝わってくるように感じます。愛着をもてるものを使っていると、それだけでも毎日がちょっと幸せになりますよね。

捨てる25

値段できめるのをやめる

自分の考えを飲み込まない

できるだけ好きな人とだけ付き合って、ご機嫌な毎日を過ごそうと思っていても、出会い頭の事故に遭うことは避けられません。

たとえば、できるだけ見ないようにしようと思っても、うっかりＳＮＳで自分への批判を目にしてしまったり、誰かが自分の悪口を言っていたと人づてに聞いたり。そんな経験は、誰にでもあるのではないでしょうか。

私は、ブログとツイッターを始めたばかりの頃、人からの否定的な感想に、心を病みそうになったことがあります。

自分が書いたブログやツイッターの言葉に、ほとんどの人が「いいね」と言ってくれていても、たった一人に「つまらない」とか「意味がわからない」などと、批判的なことを言われたら、うきうき気分が全部吹っ飛んでしまい、いつまでもうじうじしてしまっていたのです。

匿名でひどい言葉を投げつけてくる人にいちいち反応する必要はない、すぐブロックすればいいんだよ、といろんな人に言われたのですが、元来心が強いタイプではない私は、そうも割り切れませんでした。

ブログやツイッターで自分の活動を報告するのも仕事のうちなのですが、そこに書く文章ひとつにも、いつも悩んでいました。

「こんなことを言って生意気だと思われたらどうしよう」と考えたら怖くなってしまって、結局自分の意見は書かずに、事実だけを淡々と書くブログばかりになっていました。

そんな私の転機になったのは、東日本大震災の数日後のある投稿でした。

地震が起こったとき、私は東京にいました。東北には知り合いもほとんどおらず、直接的な被害を受けたわけでもなかったのですが、その後の報道を見ただけで激しく動揺してしまい、当事者でもないのに一日中泣いて過ごしていました。あきらかにメンタルがやられていたのだと思います。

その頃は、ニュース番組をつけるのも怖く、ネットの情報を見るのも辛く、新聞を見ても泣いてしまうので、夫が私の目に触れる前に新聞を捨てていたくらいでした。

でも、震災から数日たったとき、「私がずっと家にこもって泣いていても何も変わらない」と思って、信頼できる美容師さんに会いに行きました。そこで髪を切って、自分の気持ちを声にのせることで、やっと震災以降ずっと続いていたパニックから少し立ち直ることができたのです。

ところが、そのときのことを「美容師さんの笑顔が見られてホッとしました」とツイッターで書いたところ、かなり激しい口調で批判してきた人がいました。「お前はこんな一大事に呑気に美容院で髪を切ってるのか。そんな悠長なことを言っていないで、もっとテレビを見て考えろ」というコメントがついたのです。

見ず知らずの人に、そんな強い口調で批判されたのはそのときが初めてだったので、ものすごく傷つきました。でも落ち込むだけ落ち込んだあと、ふつふつと怒りも湧いてきたんですよね。

「こう書いたからといって、私が何も考えていないわけではない。テレビを見て嘆いているだけでは何もできない。それよりも、今自分にできることは、寄付をすることだし、東北のためにお金を使うことだと思っている。見えるところだけで判断してほしくない」

そんな気持ちをブログに書きました。

批判的なコメントをもらうのが怖かった私にとって、そんなにあからさまに自分の主張をしたのは、初めてのことだったと思います。

その私の主張は、驚くほどたくさんの人にリツイートされました。そして「私もそう思っていました」「自粛だけの毎日は辛いです」といったコメントもたくさんもらいました。

そのときに思ったんです。

あ、自分の考えていることをもっと表に出してもいいんだな、って。

自分の言いたいことを飲み込まなかったことで、私は価値観の近い人とつながることができたのです。

私がその意見を書かなければ、その人たちが私と同じように考えて苦しんでいたことは知らないままだったでしょう。

一方で、どんなことを言っても、気に入らない人は必ずいるということも学びました。

100人いたら、100人に好かれるなんて、絶対に無理なのです。もちろん頭の中ではわかっていたのですが、この一件を通して、それを頭ではなく体で理解することができました。

そして、どうせ全員に好かれることができないのであれば、自分の思っていることをちゃんと伝えようと考えるようになりました。

自分の考えていることを表に出せるようになったことは、この先、私にいろんな縁を運んでくれました。

捨てる26

自分の心を抑え込むのをやめる

小さな呪いをかけると爆発しない

悲しいことや腹が立つことをされたら、みなさんはどうしていますか？
自分を傷つけた相手を恨んだり、憎んだりしてしまいませんか？

私は嫌なことをされたとき、小さくて笑えるくだらない呪いをとばします。

たとえば「鼻毛が肩まで伸びますように」とか、「歯磨き粉と間違えて、洗顔クリームで歯を磨いてしまいますように」とか「お刺身にソースをかけてしまいますように」とか「クリーニングのタグをつけたまま出かけますように」とか「歯に青のりをつけたままデートに行きますように」とか。

ポイントは、本気で相手を呪わないこと。くすっと笑えるような、くだらないことを想像するのがコツです。

こういうことを言うと「性格悪い！」と思われてしまうかもしれませんが、イラっとすることをずっと心の中にためて、どこかで爆発させてしまうよりは、小さくストレス発散したほうが、自分のためにも、相手のためにもいいのではないかと思います。

それから、小さく毒を吐ける友だちを持っているといいですネ。嫌なことがあったときに「聞いてよー」と言える友だちがいるかいないかは、精神の安定を考えると全然違います。

自分でイライラを抱えて苦しくなってしまうくらいなら、さっと人に吐き出して、爆発する前にそのイライラを鎮めてしまいましょう。

これを見れば必ず笑えるという、心のエスケープ先を持っていることも大事です。お笑い番組でもいいし、落語でもいいし、コメディ映画でもいいと思います。笑えるようになれば、それまでイライラしていたことも馬鹿らしくなってきます。

これは、本当にくだらない例なのですが、私は腹が立つことがあったら、千円札を折って、野口英世のにたにた顔を作って、一人でにたにた笑っています。いっとき流行ったお札の折り方なのですが、ご存知でしょうか?

誰にも迷惑をかけないし、意外に面白いし、おすすめですよ。

捨てる 27

イライラをため込まない

Taiko's Creation

第4章

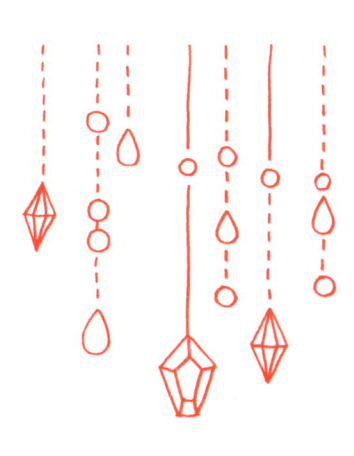

チャンスをつかめる人になる

口角をキュっと上げると損をしない

世の中には、同じような才能があったとしても、周りが応援してくれる人と、周りに足を引っ張られる人がいます。

仕事の話だけではなく、同じくらいの容姿の女性でも、みんなに「素敵だね」と言われる人と言われない人がいます。

八方美人にならなくていいし、万人に好かれる必要はないのですが、でも周りの人には応援されたほうが生きやすいし、無駄に敵を作らないほうが楽に毎日を過ごせるので、そのための方法はいろいろと考えてきました。

なかでも、どんな人もやったほうがいいと思うのが、笑顔の練習です。

とくに、年齢を重ねていくほど、口角が下がってくるので、笑っていないとき（つまり真顔）は常に不機嫌そうに見える人がほとんどです。

電車に乗っていても、すごい美人が眉間にしわを寄せて携帯をいじっている様子を見ていると、もったいないなあと思ってしまいます。

レストランで一人で食事をしているときもそう。ぶすっとして見える人は口角が下がっています。本人がそう思っていなくても、まずそうな顔をしてご飯を食べているなあと感じてしまいます。

そんなことが気になりだして、じゃあ自分はどうなのかというと、私もやっぱり衝撃的なくらい口角が下がっていました。

私は仕事をする机の上に鏡を置いているのですが、ふとした瞬間にその鏡を見ると、びっくりするほど怖い顔をして絵を描いていることに気づきます。

何かに集中していると、真顔になるのですが、真顔の状態はすでに口角が下がっているので、怖い顔になっているのです。その自分の顔に「うわっ！」と思って、口角を上げる練習をするようになりました。鏡を見るたびに、キュッと口角を上げるように意識しています。

口角を上げると、いろんないいことが起こります。

まず、悪口が言えなくなります。不思議なもので、口角を上げたままネガティブなことを言うのって、難しいんですよ。

さらに、口角を上げていると、自然と楽しい気分になります。人は楽しいから笑うのではなく、笑うから楽しいのだという言葉を聞いたことがありますが、口角を上げていると、なぜか楽しい気持ちになります。

そして、常に笑顔の人に見えるので、周りの人からも優しくしてもらえますし、好かれます。

そしてこれは、将来的にだと思いますが、おそらく口角を上げることを意識していると、顔が垂れてくるのも遅くなるのではないでしょうか。

だいたい、年齢を重ねると、美人にはあまり意味がなくなってくると感じます。瑞々しい美しさが際立つのが18歳くらい。大人の色気が出てくるところを加味しても、せいぜい35歳くらいまでが美を保てるピークだとして、そこから先は美貌に関しては落ちていくしかないわけです。

でも、笑顔は美貌と違って劣化しません。笑顔を向けられて嫌な気持ちになる人はほとんどいないわけで、多少の顔のブサイクは、笑顔でカバーできるものです。

大人になると、シワの位置にも性格が出ます。口角を上げる意識をしていない人は、口の横にマリオネットのようなシワができるんですよね。険しい顔をしていると眉間に般若のようなシワができることも。どうせシワができるなら、目尻に笑いジワができる女になりたいものです。

捨てる28

不機嫌顔をやめる

褒められたら、ありがとうと言う

口角を上げることと同時に、すべての女性におすすめしたいのが、謙遜をやめること。

謙遜は日本人の美学ではありますが、度を越すと「もう面倒だから褒めるのをやめよう」と思ってしまいます。

褒められたときには、「そんなことないです」と言わずに、素直に「ありがとうございます」とにっこり笑ってみてください。

人には、相手に喜んでもらえると、次はもっと喜ばせようと思う性質があります。

ですから、褒められたときに「ありがとう！」と素直に喜べば、相手はさらにいいところを見つけて、また褒めてあげようと思ってくれるのです。

もちろん、この「ありがとう」のときにも笑顔が必須です。


笑顔というと思い出すのが、イラストレーターとして駆け出しだったときのことです。

イラストレーターのような仕事は、専門学校を出たらすぐに働き口が見つかるわけではありません。雑誌で描きたいと思ったら、編集部に自分の絵を持って行き、アピールするしかありませんでした。いわゆる、持ち込み営業です。

引っ込み思案で、自分に自信がなかった私にとって、この営業周りは地獄に等しいものでした。

でも、イラストレーターになりたいという気持ちのほうが勝って、なんとか心を奮い立たせて電話でアポをとり、編集部を訪ねてまわっていたのです。

ほとんどの場合は、冷たくあしらわれ、悔しい思いをして帰ることが多かったのですが、時折、笑顔で迎えてくれて、優しい口調でアドバイスをくれる人もいました。

そして、あとになって思い返してみると、笑顔でアドバイスをくれた人たちは、編集長だったり、有名なアートディレクターだったり、出世している人たちばかりだったことに気づきます。

駆け出しの新人にも笑顔で気をくばることができる人は、きっといろんな人に好かれて助けられて、出世していくのではないかと感じたものです。

笑顔もありがとうも、コスト、ゼロ円です。

元手がかかるものではないのに、出せば出すほど自分が好かれて得するのですから、使わない手はないですよね。

捨てる29

謙遜をやめる

自分が言われて嬉しい言葉は惜しみなく使う

「嬉しい」「楽しい」「美味しい」など、自分が言われて嬉しい言葉はたくさんあります。

でも、よく考えてみると、そういった「言われて嬉しい言葉」を自分が人に伝えているかどうかというと、あやしくなります。心の中では思っていたとしても、面と向かって相手に伝えている人は、意外と少ないものです。

人は近しい間柄になればなるほど、「言わなくてもわかっているだろう」が増えてしまうと感じます。

私の場合、夫が作ってくれるご飯に対してのリアクションがそうでした。毎回美味しいと思って食べているのですが、それがあまりに日常になりすぎて、いちいち口に出さなくなっていた頃がありました。

それに気づいたのは、あるとき夫が、自分で作ったご飯を食べながら「これ、美味しいね」と言っているのを聞いたときでした。そういえば、私、最近、ちゃんと美味しいねって言ってなかったと、ハッとしたのです。

私だったら、自分が料理を作ったときに（たとえ心の中で美味しいと思っていたとしても）ノーリアクションで食べられたら悲しいし、「美味しい」と言ってもらえたら、また次も頑張って作ろうと思います。そう思っているのに、夫に対してそれができていなかったことを反省しました。

感謝の言葉や褒め言葉というのは、どんなに言っても言い過ぎということはありません。笑顔と同じでどれだけ言ってもタダなんですから、惜しみなく言ったほうがいいですよね。

とくに、日本人は顔に表情が出にくいので、なるべく口に出して伝えるのがいいと思います。

たとえばレストランに行ったとして、カウンターにぶすっと座って黙って食べずに、「うわー、美味しい」「いい香りがする」などとリアクションしながら食べてみる。きっと、お店の人だって張り切ってくれるはずです。

たとえば友だちや彼と遊んだ帰りに「今日はとても楽しかった」と伝えてみる。そんな些細なことでも、人はとても嬉しいものです。またこの人を誘おうと思ってくれるはずです。

そして、そういう言葉を素直に言える人には、プライベートでも仕事でも、ご縁がまわってくるのではないかなと感じます。

捨てる30

ノーリアクションをやめる

知らないことはすぐに検索

何度も言ってしまいますが、いくら30年、40年生きてきたとしても、世の中のほとんどは知らないことだらけです。

だから、その知らないことに対して、どれだけ好奇心を持って接することができるか。それが、自分をアップデートできるかどうかの分かれ道になると感じます。

たとえば友だち同士で話をしているときに、「作家の○○っているじゃない?」という話題になったとします。そのとき、「○○って、私知らない、ちょっと待って」とスマートフォンですぐに検索する人は、そこで新しい出会いを呼び込める人だと感じます。

私も、知らないことに遭遇したら、できるだけその場で検索するようにしています。「その場で」といったのは、あとで調べようと思うとだいたい忘れてしまうから。

検索した結果、ちょっとでも興味が湧いてそのことについてインプットできたら大ラッキー。一生知らなかったかもしれないことが、そこで知ることができたわけですから。興味が持てなければ持てないでも、それでOK。今は興味がないということが、わかっただけでもいいのです。

前に「人のアドバイスを素直に聞く人は劣化しない」と言いましたが、おすすめされた本や映画を、すぐに読んだり見たりする人も素敵だなと感じます。その話題に興味を持ってくれたことは相手も嬉しいでしょうし、またいい情報があったらこの人に教えてあげようと思うはずです。こういう人は、プライベートでも仕事でも、人から応援されやすいと感じます。

東京に出てきたとき、びっくりしたのが、クラスのみんながアートに関していろんなことを知っているということでした

でもそのとき、「知らないことは恥ずかしいことじゃない」と思って、ひとつずつ「知る」努力をしたことがよかったのは前にお伝えしたとおりです。

こと、このことに関しては小さい頃から自分に自信がなかったことが幸いしたと言えるかもしれません。自分に自信が持てないから、人から言われたことはなんでも真面目に調べて勉強するタイプでした。

でも、今まで知らなかったことをひとつ知ることで世界が広がったし、何より知ることは自信につながりました。あのときの柔軟な心を、今でも忘れたくないと思っています。

以前は、美術館では自由に絵を鑑賞するのが好きでしたが、今は必ず音声ガイドを借りるようにしています。自分が知らなかったその絵や作品の背景が学べて、とても勉強になります。

捨てる 31

「おっくう」を捨てる

そういえば、以前夫に「世間でいう常識なんて、多くはこの何十年かで作られたものなんだよ」と言われたことがあります。

みんなが信じている「常識」でさえ、時代に合わせてどんどん変わっていくわけですから、「知る」ことに対しておっくうになってしまうと、そこで進歩がとまってしまうと感じます。

昔は自分に自信がないからこそ、なんでもかんでも検索したり調べたりしたのですが、今となってはそのほうが絶対にお得だと思って、意識的に「知る」ことに貪欲になっています

どんなときでも好奇心を持って動ける、柔軟な心と身軽な体を持ち続けたいなあと、いつも思っています。

アンテナはゆるく立てておく

新しいことを知ることに貪欲になりたいと思う一方で、自分を疲れさせないための「スルーする力」も大切だなと感じます。

今はそれでなくても情報が多い時代なので、あらゆる情報をキャッチしようと思っていたら、それはそれで大変なことになってしまいます。

なので、私の場合、アンテナはゆるーく立てて、そこに引っ掛からなかったものは潔く諦めるようにしています。本当に必要な情報だったら、いつかまた出会えるはずだと思うから。

ゆるいアンテナの立て方でおすすめなのは「私、最近着物に興味を持っている」とか、「歌舞伎を見たら楽しかった」などと、自分の興味があるものについて、と

きどき口にだしておくことです。そうすると、その分野に関する情報が自然と集まってきやすくなります。

アンテナに引っ掛かってきたせっかくの情報を、何日かたったらきれいさっぱり忘れてしまっていることもあります。読んだ本や観た映画の内容を思い出せないこともあって、がっくりくることもあります。

でも、それはそれでいいのだと思います。

もし、自分にとって必要なものだったら、いつかふとした瞬間にひょっこり思い出すかもしれません。

人も情報もタイミング。縁があるときはめぐってくるものなので、焦らずゆるめに構えているのがいいように思います。

捨てる32

しゃかりきな情報収集をやめる

年齢、性別、肩書きにとらわれない

私は、人と付き合うときに、外見や肩書きを判断の基準にしません。

先日ロスで仲良くなった女性は、32歳でご主人の転勤についてきた専業主婦の方でした。

せっかくだから超短期でも語学学校に通おうと思ったそのクラスにいた女性で、初日の帰りがけに声をかけてくれたので、一緒にカフェに行ったのです。

年齢も離れていたし、仕事にも全く関係がない相手だったけれど、ものすごく意気投合して、結局ロスにいる間、毎日のように会って一緒にご飯を食べました。

友人になるのに、年齢や性別、肩書きや容姿、持っているものや着ている服などは、全然関係ないといつも感じます。それよりは、価値観が似ていたり、感性が近い人と付き合いたい。

ツイッターで知り合った人と実際に会って仲良くなることもよくありますが、会うまで性別も知らなかった人もいます。

逆に仕事がら、芸能人や有名人にお会いする機会もたまにありますが、だからといって、自分の中で特別にそういう人とお近づきになりたいという気持ちはありません。見た目や肩書きでわかることって、実はほとんどないと思うからです。

人は年齢を重ねると、気づかないうちに頑固になりやすいと言いましたが、それは心の新陳代謝が悪くなるからだと思います。

心の新陳代謝が悪くなると、どんどん心がよどんでいきます。水道管がつまっていくように、水の流れが悪くなります。

人づきあいも同じ。「こういうタイプは苦手」と見た目や肩書きで判断をしていると、出会いが循環しなくなり、水が流れなくなります。

損得で付き合う相手をきめる人も同様です。

メリットがあるかどうかを考えて人と付き合っていると、どうしても人間関係は循環しなくなります。


外見や肩書きで判断をせず、入り口を広げておきましょう。

新しい人と会って、新しいことを考えることは、自分の中の新陳代謝を促してくれます。

自分の中の循環をよくできる人が、いくつになっても錆び付かない人なんじゃないかなと思います。

捨てる33

外見で判断することをやめる

第5章

ずっと選ばれる人でいるために

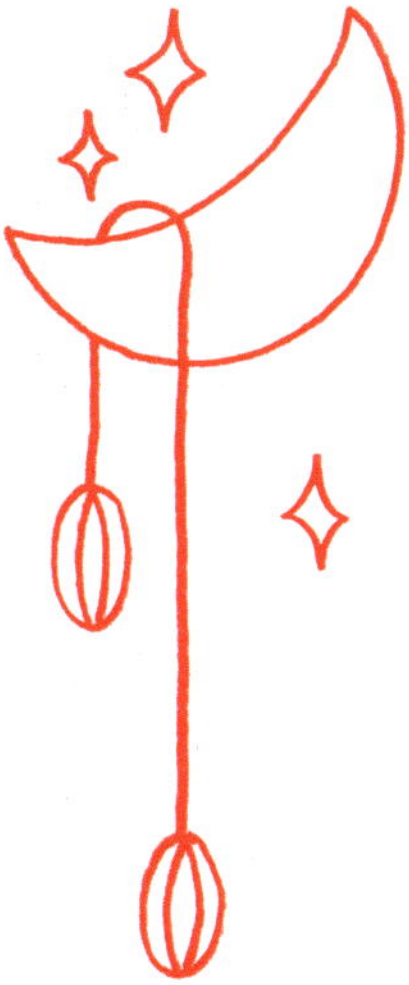

努力は基本、報われない

32歳で上京したとき、私の頭には明確に「イラストレーターになるぞ」というビジョンはありませんでした。周りにはそんな職業の人はいなかったので、特別な人がなるものと考えていました。

ただ単に、ずっと好きだった絵を描くことを、一度ちゃんと学んでみたい。その思いに突き動かされて会社をやめただけでした。学校が終わったら、また地元に帰るのかなあと漠然と思っていましたし、その後のことはあまり深く考えていませんでした。

でも、学校に入って、「イラストレーターって普通の職業なんだ」ということを知った私は、それを一生の仕事にしたいと強く思うようになりました。

イラストレーターになるために何をすればいいのか、最初は見当もつきませんでした。

ひょっとしたら「素晴らしい才能が眠っていた！ 今すぐうちの雑誌で描いてくれ」みたいなシンデレラストーリーがあるのかも、なんて妄想したこともありましたが、もちろん現実にはそんなことが起こるはずありません。学校にも自分より絵が上手な人はたくさんいました。

これは地道に頑張るしかないとわかってからは、どうやったらイラストレーターになれるかを必死に考えました。

他のことではそこまで頑張れないのに、ことイラストに関しては、素直に課題を繰り返し提出し、イラストレーターの登竜門と言われる賞に応募し続け、それまで知らなかったアートの知識を詰め込み、死ぬほど嫌だった営業もこなしたのは、前にお話ししたとおりです。

電話でアポをとるのは緊張するので、話すことを全部メモにして、それを読み上げてなんとかアポをとりました。そうやって売り込みにいった出版社で、描いた絵をぼろくそに言われて泣きそうになりながらも、ときどき褒めてもらえる言葉を心の支えにしてまた営業に向かいました。

私が、他の人とちがって、イラストレーターになることに対して挫折しなかったのには「やっと見つけたこの夢を諦めたくない」と思ったことに加えてもうひとつ理由があったと思います。

こんなことを言うと、身も蓋もないかもしれませんが、私は、努力は基本的に報われないものだと思っていて、それが、私がこの仕事を続けてこられた理由のひとつです。

私には、小さいときから、ものすごく努力したけれど、うまくできなかったことがたくさんありました。たとえば、縄跳びの二重とびなどは、どんなに頑張ってもうまくできませんでした。だから、努力したからといって、報われるとは限らないと、ある意味小さな頃から達観（?）していたと言えます。

ただ、努力は報われないことが多いのだけれど、努力をしているときの自分は、

結構かっこいいなって思えるんですよね。だから、もう、それだけで十分もとがとれているのではないかと思うようになりました。

努力が必ず報われると信じていると、結果が出ないとくじけてしまいます。でも、努力はたまに報われるときもある、くらいで考えていれば、努力しているプロセスを楽しんで仕事を続けていけます。

私は石井ゆかりさんの占いが好きです。どんなときも否定から入らず、寄り添ってくれる言葉が並んでいて、ホッとします。「人生にはいろんなことが起こるけれど、同じことでも違う視点から見てみようよ」と教えてくれている気がします。流れる雲や道端の花をどんな気持ちで眺めるか、それは自分できめることができるのだと。「努力する」ことも、これと同じなのではないかなと思います。

捨てる34

努力への期待を捨てる

好きな仕事を好きなままで続けるために

イラストレーターになるのは狭き門と思われているかもしれませんが、実はイラストレーターになること自体は、そんなに難しいことではありません。資格もなにもいらないので、極端なことを言えば自分がイラストレーターだと名乗れば、誰だってすぐになれます。

けれども、イラストレーターになるより難しいのは、イラストレーターで「あり続ける」ことです。

仕事をいただけるようになってからは、この仕事をいかにしてずっと続けられるかについて真剣に考えました。だって、それが生まれて初めて手に入れた、「本当にやりたいこと」だったからです。

私は、この仕事を一生続けられるように、しかも、この仕事を好きなまま続けられるようにするために、いくつかのルールを作りました。

私にとって一番大事なことは、この仕事を死ぬまで楽しい状態で続けることです。だから、仕事をしすぎて燃え尽きてしまったら意味がないし、かといって、全く努力しないで生き残れるほどこの業界は甘くありません。

そこで私がきめたのは「無理はしないけど諦めない」という、ゆるやかな目標設定です。

周りを見ていても、最初から完璧なものを仕上げようとする人ほど、のちのち失速する傾向があると感じます。

たとえば、仲間同士でフリーペーパーを作ったりする人もいたのですが、完璧にしようと力を注ぎすぎる人ほど、たいてい3号めくらいで息切れしてしまう。私はそれを反面教師にして、今でも、徹夜は絶対にしませんし、心がささくれだつほど仕事を入れ込んだりはしません。

自分が無理をしないために、絶対に締め切りを守れるスケジュールでしか仕事を受けないときめました。

以前イラストレーター鼎談《ていだん》のイベントでお話をしたとき、私がグーグルカレンダーでスケジュール管理をしていて、締め切りに遅れたことがないと言ったら、会場にいた人たちだけではなく、一緒に登壇していたイラストレーター仲間からもびっくりされました。それくらい、締め切りをちゃんと守るイラストレーターは少ないみたいです。

私はとくに体が弱いし、いつ具合が悪くなるかわからないので、余裕をもったスケジュールで仕事を受けることで、長くこの仕事を続けていこうと考えています。

そのためには、定期的に休暇をとることも必要だと思いました。

結婚してからは、夫と日程を合わせて年に一度は海外旅行をする時間を作っています。休暇は前もってスケジュールをきめてしまっています。半年前から予定を入れてしまえば、無理やり仕事をやりくりすることもありません。

そうやって、自分のペースで仕事をできる環境を確保しています。

どんなにやりたいと思った仕事でも、体を壊したり、心を病んだりしては、続けられません。体力と根性だけでやっていけるのは、若いうちだけです。

私はこの仕事が心底好きだからこそ、一生続けたいと思うからこそ、無理をしないことを第一にして働いています。

捨てる35

仕事を詰め込むのをやめる

苦手な分野は人にまかせる

私が仕事を好きなままで続けるために決めたマイルール。

その二つめは、ストレスになる仕事は受けないことです。

嫌な仕事を続けていると、イラストレーターという職業まで嫌いになってしまうと思ったからです。

たとえば、この業界では、ギャランティの交渉をされないままに仕事がスタートし、いざ納品したあとに値段を聞かされびっくりするということが慣例としてよくあります。

本当は、毅然とした態度で最初にギャラ交渉すればいいのですが、気の弱い私はそれもできず、あとから「だったら受けなければよかった」とうじうじすることが続きました。

そんなときに、マネージャーを雇うという選択肢を知って、お願いすることにしました。

イラストレーターでマネージャーを雇っている人は少ないので、「ずいぶん儲かっているんだね」などと嫌味を言われることもあるのですが、私にとってマネージャーは自分が好きな仕事を好きなまま続けるためには、絶対必要な存在です。

自分ではしにくいギャランティの交渉や、仕事内容の詳細確認をしてもらうことで、本意ではない仕事は受けなくてよくなりました。悩みごとがあるときも相談にのってもらえるので、ストレスを一人で抱え込むこともなくなりました。

中には「マネージャーがいると気軽に仕事を頼めない」と言う人もいますが、気軽に頼まれる仕事は、たいていそれなりの仕事です。

それよりは「マネージャーがいる」ことのハードルを越えてでも仕事をしたいと思ってくださる方と仕事をさせていただくほうが、お互いリスペクトを持って仕事ができると感じています。

捨てる36

全部自分でやるをやめる

どこまで関わるべきなのか切り分ける

同じ創作活動であっても、それが仕事として納品する商品なのか、アートとして表現する作品なのかは、切り分けをしています。

依頼を受けて描いたイラストは、描き上がったあとは「人のもの」と思って、口出しをしません。

最初の打ち合わせと全く違う使われ方をしたり、勝手に色を変えたりとかは論外ですが、書籍の装丁のイラストを描いたときに、どの部分にタイトルを載せるかは、私ではなくデザイナーの仕事だと思っているので、意見を言ったりしません。

先日も、雑誌の仕事で龍をたくさん描きましたが、その龍を切り取りして、想像とはちがった場所に配置されても、私のほうは「へえ、そんなふうに私のイラストを使ってくれたのか」と思って、むしろ楽しい気持ちになります。

私の描いた絵は見た人に自由に解釈してほしいと思うので「こういう意図で描きました」と説明することもほとんどありません。

一方で、陶芸に関しては、アーティストとして自分の表現をしたいと思って始めたことなので、自分の心のおもむくままに表現をします。

陶芸の分野で、たとえば「湯のみとしての飲みやすさ」のようなクラフトマンシップを追求するのは私には向いていないと感じたので、自由に作ることを心がけています。

描いた絵や作った陶芸作品は、作り終わったところで、自分から手放します。もちろん、自分でも気に入った絵は手元に残したいと思うこともありますが、それ以上に「次はもっといい絵が描けるはず」と、前に進むことが大事だと感じるからです。

捨てる 37

プロへの口出しをやめる

インプットをする時間がないと、ついつい過去の自分の絵を真似してしまうことがあると言いましたが、これを避けるために、自分から積極的にやったことがない分野にトライしたいと伝えてみることもあります。

「線画で人物キャラクターを描いてみたい」と編集者さんに相談して、初めて挑戦して出来上がったのが、『古事記ゆる神様100図鑑』（講談社）でした。

依頼はありがたく受けるけれど、提案もしていく。いつでも自分が新鮮な気持ちで創作にのぞめるように意識しています。

どんな経験も生かせば失敗じゃなくなる

どんな仕事であっても、自分の仕事を愛している人が好きです。そして、その魅力を周りの人に伝えようとしている人が好きだと感じます。

私は職業に貴賤はないと思っていますが、好きな仕事に就けた人とそうではない人がいることは理解しています。

でも、**お金をもらって働くことを決めた以上、それが自分が好きで就いた仕事であろうがなかろうが、その中でベストを尽くすことができる人を尊敬します**。

コンビニエンスストアのレジで、工夫をして少しでも速くお客さまを通そうとしている人は素敵だなと感じます。

私も新卒で就職した会社の業務は、とくにやりたい仕事ではありませんでした。希望していたデザイン関係の部署には行けず、一般職での採用だったので、毎日暇で暇で仕方ない。やることといったら一日何回かの書類のコピーと、部長のスケジュール管理だけ。そんな仕事だったのです。

でも、どうせ会社に毎日行かなきゃならないならと思って、暇な時間を使ってプログラミングを覚えて、まだパソコン黎明期だった時代にプログラムを作れるようになりました。そしてそれを上司に見せて「こういうことができます」とアピールして、システム開発部に異動をさせてもらいました。

結局は退社して、全く前の仕事とは関係ないイラストレーターの仕事に就いているわけですが、そのときの経験が何の意味もなかったかというと、そうは思いません。

たとえば、私は社交的なタイプではありませんが、曲がりなりにも会社員をやっていたので、電話の受け答えなどの一般常識は身についていました。それは、出版社に売りこみをするときに役に立ちました。

締め切りは当然守るものという意識があり、だから安心して指名していただけることが多いのも、一度社会人経験をしてからイラストレーターになったからです。

駆け出しの頃に、どうやって自分を宣伝しようかと考えたときにも前職の経験が生きました。多くの人は「個展を開く」という選択肢しかなかったのですが、私は前職でプログラミングを勉強していたので、いちはやく自分のホームページを作ることができたのです。

32歳からイラストの勉強をした私は、回り道をしたように思われるかもしれませんが、こう考えると、メーカーでの勤務も全然回り道じゃなかったのかもと思います。

「どんな職場にいても、その仕事を愛することができたら、何かの発見がある！」などと偉そうなことを言うつもりはありません。

でも、毎日イヤイヤ仕事をしていたら、自分自身が辛いしつまらないなと思うんです。**だから、ほんの少しでも自分が興味を持てることを探せたらもうけものとい**

う気持ちで、何か工夫をして取り組んでみるのもいいのではないかと思います。

そして、回り道が結果的に回り道じゃなかったと感じるときと同じように、失敗も、そこから学ぶことができたら、失敗じゃなくなると考えています。

数年前に私は、陶芸を始めましたが、自分に納得がいくものができるようになるまでには、予想以上の時間がかかりました。イラストのときには感じなかった挫折感も味わいました。でも、続けてさえいれば、そんな失敗も「経験」という名の財産に変わります。

一回の失敗で嫌になったりしないのは、やはり「無理はしない。でも諦めない」という、ゆるやかな目標設定があるからかなと思います。

結局は、諦めない人だけが、好きなことをできる道を見つけることができるのだと思うのです。

捨てる38

諦めるを、やめる

夢を形にするためには、いっぱい口に出す

どんなにやりたいことがあっても、強い気持ちで思い続けていたとしても、それを口に出さないかぎり、周りの人にはわかってもらえません。

自分の夢を口に出すのは勇気がいるかもしれません。

でも、一度口に出したら、意外と「だったら、○○さんを紹介するよ」とか「この資料を見るといいよ」などと教えてもらえることが増えます。

ワインの銘柄を自分で覚える必要がなくて、詳しい人に教えてもらえばいいのと同じで、思い切って「これが知りたい」とアウトプットしたら、情報が集まってくるものです。

大人になればなるほど、人に甘えるのは難しくなります。

でも、知りたいこと、やりたいことを素直に口に出して、それに詳しい人に甘えることができる人は、夢に近づきやすいと感じます。

私は数年前、作品の新しい表現方法を模索している中で陶芸に出会いました。

そのとき「陶芸が面白いんだよね」と周りに話したことで福井の友人が陶芸用の窯と工房を持っていることがわかり、福井に通って陶芸制作をスタートすることができました。

それから、「もっとじっくりやってみたい」と相談したことで、アトリエを借りられることになりました。

もちろん、そのためには、自分も人の役に立っていることが大前提になります。自分が知っていることは惜しみなく提供する。それを誰かが喜んでくれるから、自分を助けてくれる人も出てくる。世の中には、そんな循環があると感じています。

もし、やりたいことがあるのだとしたら、ことあるごとに口に出してみましょう。
きっとみんな、応援してくれるはずです。

捨てる 39

夢を語ることを怖がらない

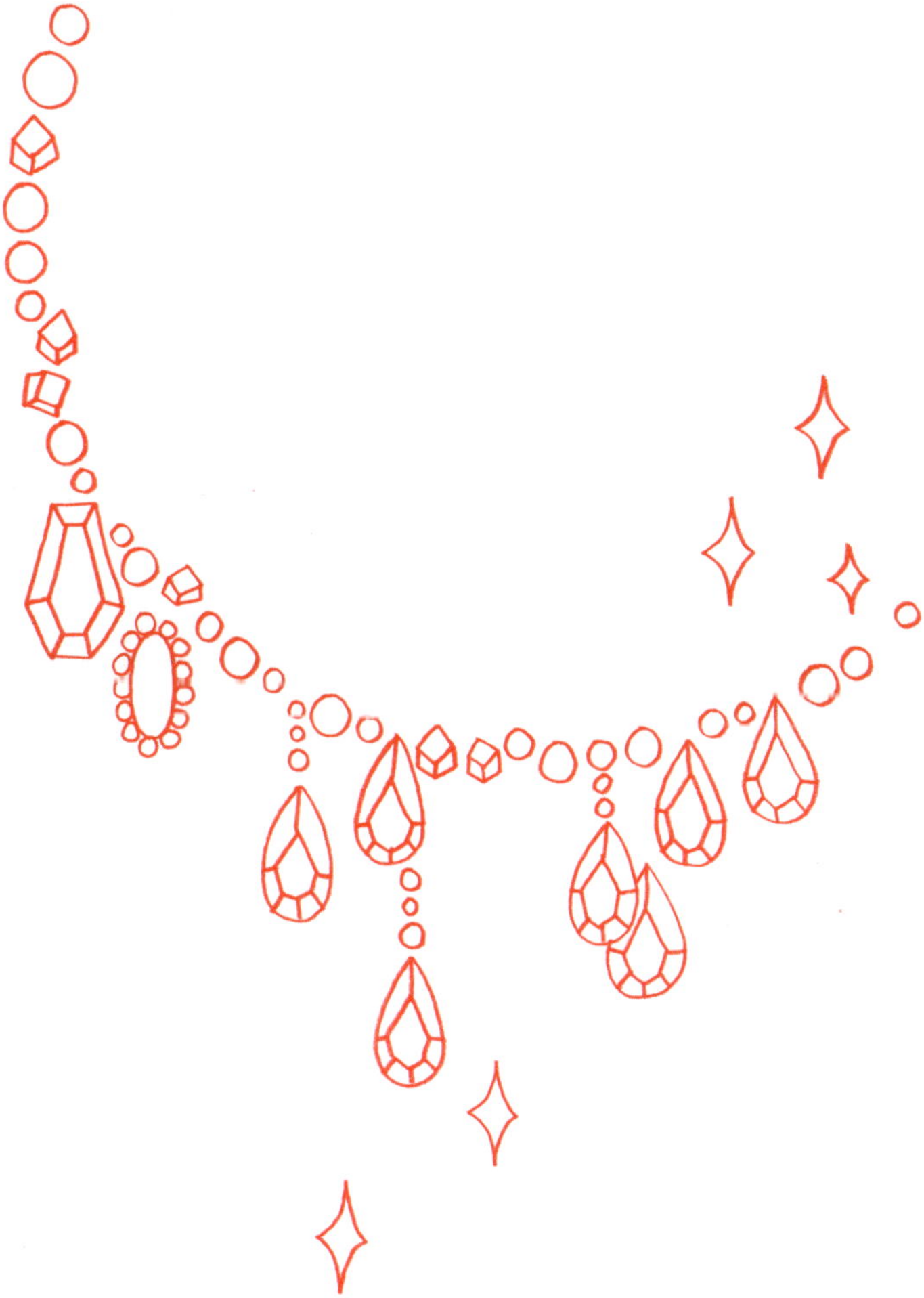

column

こぼれ話

1章より

普段は夫が料理を作ってくれますが、多忙のときは、自炊することもあります。料理が苦手な私の強い味方が、少ない材料で手間なく作れる料理を紹介している『終電ごはん』（幻冬舎）という本と、切った野菜を重ねて煮るだけで美味しく仕上がるストウブのお鍋。この二つは、料理初心者にもおすすめです！

2章より

タイツと下着は、小分けになった収納グッズに丸めてしまっておけば、パっと見てどこに何があるのかすぐわかります。毎朝のモヤっとが減って快適！　これは、東洋ケースというメーカーの不織布でできた仕切りボックス。Amazon で600円くらいで買いました。これを洋服棚に入れて収納すれば見た目もすっきりです。

3章より

　東京の仕事部屋です。前は大きなデスクトップパソコンを使っていましたが、３拠点生活になってからノートパソコンを使うように。画材やペンは、お気に入りのアンティークの入れ物に収納しています。パソコンの奥にあるのは鏡。仕事中、ついつい口角が下がっていないか、ときどきチェックしています。

4章より

　我が家は一日二食。ブランチは、一汁一菜メニューが多いです。この日夫が作ってくれたのはズッキーニ入りお味噌汁・玄米ごはん・甘い卵焼き・しらすとセロリの葉の和え物・ナスの浅漬け・赤大根の酢漬け。シンプルですが、きちんと出汁を取った味噌汁や自家製漬物はとても美味しいです。

5章より

　東京でイラストの勉強を始めてからのノート。遅いスタートだったぶん、必死に勉強しました。授業で習ったことはもちろん、持ち込みにいったときに注意されたポイントや、褒めてもらったところも詳細に書き残していました。いろんなものを断捨離しましたが、このノートは捨てられないもののひとつ。

くすまない女性になるための

松尾流捨てるものリスト　まとめ

☑ 捨てる01 年齢制限を捨てる

☑ 捨てる02 コンプレックスを捨てる

☑ 捨てる03 「でも」「だって」を捨てる

☑ 捨てる04 「知らないと恥ずかしい」を捨てる

☑ 捨てる05 成功体験を捨てる

☑ 捨てる06 若さへの執着を捨てる

☑ 捨てる07 今の人間関係にこだわるのをやめる

☑ 捨てる08 「他人のものさし」を捨てる

☑ 捨てる09 ゴールの設定を高くしない

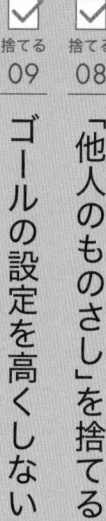

捨てる 10
「完璧主義」をやめる

捨てる 11
「ぶれない信仰」を手放す

捨てる 12
使いにくいものを捨てる

捨てる 13
大きな荷物をやめる

捨てる 14
思ってもいない相槌をやめる

捨てる 15
八方美人をやめる

捨てる 16
ネガティブな人を避ける

捨てる 17
嫉妬を感じる人からは離れる

捨てる 18
「面倒に感じること」を減らす

捨てる 19
「あると便利」を捨てる

☑ 捨てる 20 ストイックな自分を捨てる

☑ 捨てる 21 「好き」と思えないものは捨てる

☑ 捨てる 22 詰め込みすぎをやめる

☑ 捨てる 23 人に会えない格好の日を減らす

☑ 捨てる 24 適当に選ぶのをやめる

☑ 捨てる 25 値段できめるのをやめる

☑ 捨てる 26 自分の心を抑え込むのをやめる

☑ 捨てる 27 イライラをため込まない

☑ 捨てる 28 不機嫌顔をやめる

☑ 捨てる 29 謙遜をやめる

捨てる 30
ノーリアクションをやめる

捨てる 31
「おっくう」を捨てる

捨てる 32
しゃかりきな情報収集をやめる

捨てる 33
外見で判断することをやめる

捨てる 34
努力への期待を捨てる

捨てる 35
仕事を詰め込むのをやめる

捨てる 36
全部自分でやるをやめる

捨てる 37
プロへの口出しをやめる

捨てる 38
諦めるを、やめる

捨てる 39
夢を語ることを怖がらない

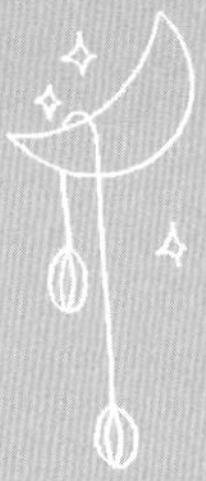

おわりに

世界一国民の満足度が高い国、ブータンに行ったことは、本文中でも少し触れさせていただきました。

ブータンは、望めばなんでも手に入る日本のような豊かな国ではありません。それでも、会う人会う人の笑顔が素敵で、人を思いやって生きているブータンの人たちの暮らしには、心を動かされるものがありました。

私がブータンに行くことになった理由は、「ブータン　しあわせに生きるためのヒント」の企画展で、アートディレクターをさせていただいたことがきっかけでした。

この展覧会では、会場の各所に、ブータンのことわざや人々の言葉に絵を添えて配置したのですが、そのメッセージに寄せる絵を描きにいったのです。

ブータンには、私の心にしっくりくる言葉がたくさんありました。

たとえば、

「幸せとは、自分の持っているものを喜ぶことです」「小麦をまいたら、小麦が実る。大麦をまいたら大麦が実る」「今、あなたに見えている世界は、あなた自身を表しています」（出典：『毎日が楽しくなる　ブータンしあわせの日めくり』／徳間書店）など。

ガイドさんとの会話の中で聞いた言葉も印象的でした。

「今幸せかどうか。それは自分の心がきめることです」

その考えは、一言で言ってしまうと「足るを知る」という言葉になるでしょうか。

人はたくさんのものを持っているからといって、幸せになれるわけではありません。大勢の人に囲まれているからといって、自分を好きになれるわけではありません。

年齢を重ねてくると、自分が思っている以上にたくさんのものや、人の考えや、経験を体にまとっていることに気づきます。

そして、その中から手放すものを選ぶことができて、初めて人は、しあわせを感じるのかもしれない。ブータンの人の笑顔を思い出すたびに、そう感じました。

今回、この書籍をまとめている間にも、ブータンで私が感じた「しあわせの根源」のようなものを、少しでもお伝えできたらなあと思いながら書いていました。

この本にはたくさんの方が携わってくださいました。最強のチームワークで、作っている間中、ずっと楽しかったです！　すてきな本に仕上がって、またひとつ自分の宝物が増えた気持ちです。ありがとうございました。

超ネガティブだった私が、たくさんの女性に向けて自分の思いや生き方などを書く日がくるとは思ってもいませんでした。

それは、私のことを受け止めて、いろんなことを教えてくれたり、見守ってくれた、たくさんの人たちのおかげです。

そんな大切な人たちの名前をここに書きたいけど、うっかり書き忘れてしまったら気まずいのでやめておきます。お会いしたときに、個別にお礼を言いますね。

出会ってくれて本当に感謝しています。その中でいっぱい成長できました。

これからも、楽しく工夫しながら人生を送っていきたいです。

最後まで読んでくださってありがとうございました。

松尾たいこ

【著者紹介】

松尾 たいこ（まつお・たいこ）

◉――アーティスト/イラストレーター。

広島県呉市生まれ。短大卒業後、約10年の自動車メーカー勤務を経て、32歳だった1995年に上京。セツ・モードセミナーに入学し、98年よりフリーのイラストレーターとなる。

◉――大手企業広告へも作品を提供し、その他にもCDジャケットや書籍の装画など多くの作品を生み出すヒットメーカー。アジアを代表するアーティストの一人として海外での人気も高い。2010年にはＮＨＫ『トップランナー』に出演し、話題を呼んだ。

◉――ファッションやグッズにも造詣が深く、20代から60代までのあらゆる世代の女性に人気がある。ミニマリストではあるが、ただ「減らす」のではなく、こだわりを持って「もの」「こと」と対峙し、どのように向き合えば、楽しく美しく生きていけるかを常に考え実践している。

◉――「イラストレーション」（玄光社）コンペで第16回ザ・チョイス年度賞、鈴木成一賞受賞。14年より「千年陶画」プロジェクトで陶器作品の制作を開始。16年「ブータン しあわせに生きるためのヒント」展（上野の森美術館）のアートディレクションを担当。現在は、東京、軽井沢、福井の3か所を拠点に活動中。夫はジャーナリストの佐々木俊尚氏。

◉――主な著書に『古事記ゆる神様100図鑑』（講談社）、『東京お遍路ゆる散歩』（キノブックス）などの他に、江國香織さんとの共著『ふりむく』（講談社）、角田光代さんとの共著『Presents』（双葉社）などがある。

著者公式ブログ http://ameblo.jp/taiko-closet/
著者公式サイト http://taikomatsuo.jimdo.com/

35歳《さい》からわたしが輝《かがや》くために捨《す》てるもの　〈検印廃止〉

2017年８月１日　第１刷発行

著　者――松尾　たいこ
発行者――齊藤　龍男
発行所――株式会社かんき出版
東京都千代田区麴町4-1-4 西脇ビル　〒102-0083
電話　営業部：03(3262)8011㈹　編集部：03(3262)8012㈹
FAX　03(3234)4421　振替　00100-2-62304
http://www.kanki-pub.co.jp/

印刷所――ベクトル印刷株式会社

乱丁・落丁本はお取り替えいたします。購入した書店名を明記して、小社へお送りください。ただし、古書店で購入された場合は、お取り替えできません。

ISBN978-4-7612-7277-7 C0095